Michael Wolski

1989
Mauerfall Berlin
Auftakt zum Zerfall
der Sowjetunion

Linkliste
Um die im Buch angegebenen Links zu Webseiten nicht von Hand
eingeben zu müssen, gibt es auf der Webseite zum Buch

www.1989Mauerfall.Berlin

eine Linkliste, wo Sie sich sofort durchklicken können.
Nutzen Sie dafür Laptop oder Tablet, **während** Sie das Buch lesen.
Die Linkliste ist auch am Ende des Buches auf Seite 174 beigefügt.

Impressum

© Michael Wolski, Autor, Selbstverlag Berlin

Titelbild: Thomas Röske, Adobe-Stock, Mauerkunst/16319717
Satz: bw_grafikdesign, Berlin

Sektorengrenzen Berlin, © Adobe-Stock 34396937
Karte BRD/DDR, © Adobe-Stock 120419013
IHZ Berlin ©Adobe Stock 104025602
IHZ Neubau 1989 © Stefan Wolski
Schloss Cecilienhof in Potsdam © Adobe Stock 312905836
Brandenburger Tor 1980 © Adobe Stock Photo 246659972
Schabowskis Sprechzettel vom 9. November 1989,
Rechteinhaber: Stiftung Haus der Geschichte, Bonn.
Personalausweis, Speisekarte, Foto Stalin.
Rechteinhaber Autor
https://multipolar-magazin.de/ Rechteinhaber Interview
Das Buch ist im Juni 2021 bei www.Amazon.de erschienen.

Preis 12,50 EUR

Inhalt

Teil I
Pressekonferenz, Mauerfall und zehn Fragen

Teil II
Warum die Mauer fallen musste

Vorwort zur überarbeiteten und erweiterten Ausgabe 2021

2021 jährt sich zum 30. Mal der Jahrestag des Endes der Sowjetunion und damit des Staatssozialismus in Europa.

Sucht man im Internet, findet man viele Gründe für den Zerfall der Sowjetunion, aber der unmittelbare Auslöser wird verschwiegen, obwohl er bekannt ist. Denn dessen Veröffentlichung hätte vor 30 Jahren eine ungeheure politische Sprengkraft gehabt. Jetzt sind 30 Jahre vergangen und Archive in Moskau, aber auch in Berlin und Washington, können geöffnet werden. Lassen wir uns überraschen.

Vielleicht waren Sie bewusster Zeitzeuge der Jahre 1986–1995, der Zeit von Perestroika, Glasnost und Privatisierung in der Sowjetunion und Russland aber auch des Berliner Mauerfalls, deutscher Einheit und Einbindung der ehemaligen sozialistischen Länder Osteuropas in die westliche Wertegemeinschaft.

Was erzählen Sie heute als Zeitzeuge Ihren Kindern oder Enkeln, warum die UdSSR zerfiel und so die grundlegenden politischen Änderungen in Europa eingeleitet wurden? Verweisen Sie auf das Internet und sagen: Suche dir eine Antwort aus? Wie beantworten Sie die Frage: Gab es ein historisches Ereignis, welches den Zerfall auslöste? Vergleichbar der Oktoberrevolution, die 1917 dem abgewirtschafteten System aus Zarenhof, Adel, Geheimdiensten und Militär den Todesstoß versetzte?

Meine Antwort ist: Ja, es gab dieses Ereignis. Sie haben davon gehört, aber es bisher nicht als Auslöser für den Zerfall der Sowjetunion gesehen – denn es fand in Berlin statt und die Menschen jubelten.

Als Ostberliner Zeitzeuge der Jahre 1986–1990 lade ich Sie ein, mich auf meiner Zeitreise zu begleiten. Damit können Sie die Ereignisse, die den Zerfall der Sowjetunion einleiteten, wie mit einer Lupe betrachten.

In der DDR waren damals etwa 340.000 sowjetische Soldaten stationiert sowie ein Kontingent von mehreren tausend Mitarbeitern beider Geheimdienste. Nach Angaben westlicher Dienste (mitgeteilt vom letzten DDR-Innenministers Diestel) hatten KGB und GRU etwa 50.000 Informanten auf dem Gebiet der DDR.

In diesem Buch wird erstmals der innere Zusammenhang Berliner Mauerfall 1989/geplante Deutsche Einheit mit den deutsch-russischen

Verträgen von 1939 und deren Ungültigkeitserklärung am 24.12.1989 in Moskau dargestellt.

War der 9. November 1989 in Berlin der Auslöser für den Zerfall der Sowjetunion, so kann man diesen 24. Dezember 1989 in Moskau als Tag Nummer 1 bezeichnen. Nach weiteren 730 turbulenten Tagen war dann die Sowjetunion Geschichte.

Dem 30. Jahrestag der Deutschen Einheit widmete der Moskauer TV-Kanal Rossija 1 am 4. Oktober 2020 die Dokumentation ‚**Stena**‘. Link-01

Interessant ist, dass dieser Bericht über die Phase der Vorbereitung der Deutschen Einheit seit Beginn des Jahres 1990 direkt mit dem Mauerbau 1961 und Mauerfall verknüpft wurde, aber die Sendung den Titel „Mauer" erhielt – und nicht „Deutsche Einheit".

In diesem Film wurde erstmals in Russland in einem Massenmedium offiziell vom Verrat an der DDR durch die damalige politische Führung der UdSSR im Prozess der Vereinigung gesprochen.

Auch Egon Krenz (letzter SED-Generalsekretär) und Hans Modrow (letzter kommunistischer DDR-Ministerpräsident) äußerten sich im Interview in diesem Sinne.

Es gab weder im deutschen Mainstream noch bei den alternativen Medien bisher eine Rezension. Vielleicht erklärt sich das Schweigen so: Nach aktueller Erzählung des Westens fiel die Mauer aufgrund der Aktivitäten der friedlichen Revolutionäre im Osten und die deutsche Einheit entsprach dem Wunsch der meisten DDR-Bürger. *Von Verrat an der DDR durch die sowjetische Führung und ihrer Übergabe an den Westen ist da nicht die Rede.*

Den Film ‚**Stena**‘ könnte man als Fortsetzung meines Buches bezeichnen, nimmt er doch den Mauerfall als Voraussetzung für die Einheit, ohne jedoch darauf einzugehen, wie und durch wen er geschah. Aber wie haben die Verantwortlichen in Moskau den Mauerfall als Vorbedingung zu der von ihnen seit 1986 geplanten Deutschen Einheit realisiert? Wie lief die erste Etappe des ‚Verrats' am 9. November 1989, warum kam es dazu? Das erfahren Sie bis jetzt nur in meinem Buch.

Noch wird von der Politik und den Historikern kein direkter Zusammenhang zwischen dem Mauerfall in Berlin und dem Zerfall der Sowjetunion zwei Jahre später hergestellt.

Ihr Narrativ geht von der *Korrelation* zweier Ereignisse aus.

Sie sprechen von einer revolutionären Situation in den Staaten des Warschauer Paktes (DDR, Polen, Ungarn, CSSR, Rumänien, Bulgarien), die dazu führte, dass deren kommunistischen Regimes in freien Wahlen durch bürgerliche Regierungen ersetzt wurden. Die Sowjetunion – Führungsmitglied des Warschauer Paktes – zerfiel parallel, weil sie wirtschaftlich und politisch am Ende war.

Da ich erstmals eine Verbindung von Berliner Mauerfall und Zerfall der Sowjetunion herstelle, zeige ich eine Kausalität auf. Deshalb wird die Geschichte vom Mauerfall und Ende der UdSSR als Ergebnis von Ursache und Wirkung von mir neu erzählt.

Der Leser erfährt, wie es geschah, dass der von der UdSSR initiierte Mauerfall zum Auslöser ihres Zusammenbruchs aber auch der des Warschauer Pakts wurde.

Schon 1986 machte sich der sowjetische Außenminister Schewardnadse Gedanken um die Wiedervereinigung Deutschlands. Honecker war 1987 in einem Treffen mit Gorbatschow und Schewardnadse kategorisch gegen ihren Vorschlag, die Mauer zu beseitigen. Detailliert wird anhand öffentlich zugänglicher Information gezeigt, wie der Mauerfall am 9. November 1989 in einer verdeckten Aktion erfolgte, um damit den Weg zur deutschen Wiedervereinigung, wie von der Sowjetunion gewünscht, freizumachen.

Bisher wurde der wahre Ablauf des Mauerfalls vom Westen und den Russen aus unterschiedlichen Gründen geheim gehalten. Beide sprechen offiziell von den „friedlichen Revolutionären", die am 9.11.1989 einen großen Druck auf der Straße aufbauten, dass die Grenzsoldaten in Berlin gezwungen waren die Übergangsstellen zu öffnen. Mehr dazu im Buch.

Jedoch mehren sich seit 2019 alternative Stimmen, die andere Aussagen treffen:

- Der bekannte deutsche Politologe und Russland-Spezialist Dr. Alexander Rahr nannte am 8. November 2019 in einem Interview mit der Zeitung des russischen Parlaments erstmals diesen Grund für den Mauerfall und wie er von den westlichen Medien uminterpretiert wird: *„Wir alle erinnern uns daran, dass die Berliner Mauer aufgrund der sowjetischen Perestroika zusammenbrach, während der Moskau im Rahmen der*

Transformation und der Reformen einen gewissen Druck auf die DDR-Führung ausübte. Als Folge dieses Drucks öffnete Ostdeutschland seine Grenzen. Im modernen Deutschland werden die Ereignisse von 1989 als ein bedingungsloser Sieg des Westens gefeiert, der so stark war, dass er die Mauer niederriss." Laut Rahr *„muss sich der Westen in dieser Erzählung anerkennend auf die Schulter klopfen, seine Überlegenheit zeigen, den Sieg demonstrieren, den es eigentlich gar nicht gab."* Link-02

- Der im Oktober 1989 gewählte Generalsekretär der Sozialistischen Einheitspartei Deutschlands (Kommunisten), Egon Krenz, veröffentlichte in seinem Buch **Wir und die Russen – Die Beziehungen zwischen Berlin und Moskau im Herbst '89** im Jahr 2019 erstmals diese Information über sein Gespräch mit dem sowjetischen Botschafter am Morgen des 10. November 1989, nur wenige Stunden nach der Grenzöffnung in Berlin. Der Botschafter sagte zu ihm, auf die sowjetischen Geheimdienste GRU und KGB anspielend: *„Bedenken Sie aber bitte auch, dass ich zwar der sowjetische Botschafter bin, es gibt aber noch andere sowjetische Institutionen in der DDR, über die ich nicht Bescheid weiß."* (1) Seite 259.

- Dr. Peter-Michael Diestel, der letzte Innenminister der DDR, nannte in einem Interview mit sputniknews.com vom 07.06.2020 erstmals nach dem Mauerfall die Anzahl der informellen ostdeutschen KGB-Mitarbeiter in der DDR: *„Und … der KGB hatte ja wohl auch noch 50.000 Leute in der DDR"*. (Die Webseite sputniknews.com existiert leider nicht mehr)

- Diestel schreibt 2019 in seinem Buch **In der DDR war ich glücklich. Trotzdem kämpfe ich für die Einheit:** *„zwei Generäle aus meiner unmittelbaren Umgebung offenbarten sich mir unter vier Augen. Ich bin der und der, habe das und das gemacht und bin auch Offizier der Sowjetarmee."* (2) Seite 211.

Mein Buch **1989 Mauerfall Berlin – Zufall oder Planung?** erschien wenige Wochen vor dem 30. Jahrestag des Mauerfalls. Ich beschreibe erstmals, wie die Sowjetunion am 9. November 1989 diesen Druck auf die DDR ausübte. Die sowjetischen Geheimdienste übernahmen an diesem Tag mithilfe ihrer hochrangigen Agenten in den Behörden und der Armee der DDR die Macht über die Medien und das Grenzregime und realisierten durch Tricks und Täuschung die unblutige Grenzöffnung.

Erinnern wir uns: Gorbatschow wurde im März 1985 gewählt und trat mit dem Konzept von Perestrojka und Glasnost an. Was man darunter verstand, wurde im Osten und Westen unterschiedlich interpretiert. Heute wissen wir, dass darunter auch das Konzept des Rückzugs aus den Vereinbarungen von Jalta und die Beendigung des Sozialismus in der UdSSR und den sozialistischen Ländern des Warschauer Paktes verstanden wurde.

Das Wissen um die Einführung der Marktwirtschaft und Privatisierung des Volkseigentums durch die kommunistische Führungselite gehörte ebenfalls dazu – so man zu den wenigen Eingeweihten in Ost und West gehörte. Mehr erfahren Sie in der hier vorliegenden erweiterten und überarbeiteten Ausgabe des Buches **1989 Mauerfall Berlin – Auftakt zum Zerfall der Sowjetunion.**

Vermutlich ahnten die Planer der Deutschen Einheit zu Beginn ihrer Aktivitäten 1986 nicht, welcher „Sprengstoff" im Archiv lag und dann bei der Veröffentlichung der Protokolle „explodieren" würde. Der Grund dafür lag in zwei Verträgen und ihren Geheimprotokollen zwischen der UdSSR mit dem Deutschen Reich von 1939. Die Geheimprotokolle waren seither unter Verschluss und nur sehr wenigen Funktionären bekannt. Sie mussten am 24. Dezember 1989 – nur 6 Wochen nach dem erfolgreichen Mauerfall – vom Volksdeputiertenkongress in Moskau für ungültig von Anfang an erklärt werden, bevor 1990 die UdSSR ihre Zustimmung zur deutschen Einheit geben konnte.

Anderenfalls hätte Deutschland später einmal Stadt und Gebiet Königsberg, die Stalin 1946 in die UdSSR als Kaliningrad eingliederte, zurückfordern können. Denn im deutsch-sowjetischen Grenz- und Freundschaftsvertrag vom 28. September 1939 war der exakte Grenzverlauf zwischen dem Deutschen Reich und der Sowjetunion markiert. Dieser Vertrag war 1989 immer noch gültig.

Allerdings verlief bei Vertragsunterzeichnung 1939 die Grenze zwischen dem Gebiet von Königsberg und der Republik Litauen. Litauen wurde erst 1940 von der UdSSR annektiert (auf Basis von Abmachungen zu Einflussgebieten in diesem Vertrag).

Insbesondere aus diesem Grund war die Existenz von Geheimprotokollen zu den beiden Verträgen von der Sowjetunion fast 50 Jahre geleugnet worden. Bei seinem Besuch in Bonn im Juni 1989 bestätigte Präsident Gorbatschow erstmals Kanzler Kohl die Existenz von Geheimprotokollen.

Mit der Ungültigkeitserklärung Ende 1989 wurden die Protokolle nach 50 Jahren weiten Teilen der Öffentlichkeit bekannt und es erfolgte damit das offizielle Eingeständnis der Sowjetunion, dass die baltischen Staaten Estland, Lettland und Litauen 1940 von Stalin in Absprache mit Hitler annektiert worden waren.

Eine Ironie der Geschichte. Durch den Überfall Deutschlands auf die Sowjetunion 1941 wurde der Krieg mit der UdSSR ausgelöst, den Deutschland 1945 verlor und im Ergebnis auf fast 110.000 km^2 von der Sowjetunion militärisch besetzt wurde. Mit dem Berliner Mauerfall, der Deutschen Einheit, und dem nachfolgenden Truppenabzug aus Deutschland schuf die Sowjetunion selbst den Anlass für ihre Auflösung. Das Eingeständnis der sowjetischen Führung Ende 1989, dass die baltischen Staaten im Jahre 1940 annektiert wurden, veranlasste im Frühjahr 1990 die drei baltischen Sowjetrepubliken ihre Unabhängigkeit von der Sowjetunion zu erklären. Sie wurde dann nach dem versuchten Putsch gegen Gorbatschow im August 1991 vollzogen, die Republiken wurden international anerkannt und in die UN aufgenommen. Andere Sowjetrepubliken folgten.

Am 6. November 1991, dem Vorabend des Jahrestages der Großen Sozialistischen Oktoberrevolution von 1917, verbot Boris Jelzin in der Russischen Sowjetrepublik die Kommunistische Partei der Sowjetunion.

Die UdSSR kollabierte politisch führungslos Ende 1991, die Ideen von Marx, Engels und Lenin wurden in Europa begraben, das sozialistische Experiment war vorerst gescheitert.

Ich wünsche Ihnen eine spannende Zeit beim Lesen.

Michael Wolski
Berlin, 8. Mai 2021

Anlagen

**Zwei Auszüge aus Interviews mit Dr. Peter-Michael Diestel,
letzter DDR-Innenminister vom 13. April bis 2. Oktober 1990**

1. Auszug aus einem Interview des Sputnik Deutschland vom 7. Juni
    2020 (Die Webseite www.sputniknews.com ist nicht mehr im Netz.)

- **Zurück zu den Geheimdiensten: Was ist eigentlich mit den Auslandsspionen der DDR geworden?**
  *Die standen ja dann auch unter meiner Verantwortung und natürlich haben wir uns um sie bemüht. Sie waren ja in den USA oder in
  anderen Ländern und wären zum Teil mit Todesstrafe oder lebenslanger Haft bedroht gewesen, wenn sie enttarnt worden wären. Die
  haben wir soweit wie möglich abberufen und fast ausschließlich
  alle sind nach Moskau oder andere damals noch sozialistische Länder gegangen. Die russische Seite hat hier sehr intelligent mitgearbeitet. Auch mit den bundesdeutschen Kollegen haben wir uns
  abgestimmt. So konnten Verhaftungen vermieden werden. Eine
  offizielle Amnestie von Seiten der Bundesregierung hat es jedoch
  nie gegeben.*

- **Waren die westdeutschen Geheimdienste nicht scharf auf die
  Kenntnisse dieser Spione?**
  *Klar. Aber es war ja nun mal so, dass die osteuropäischen Geheimdienste den westdeutschen überlegen waren. Wenn wir alles, was
  wir 1990 an nachrichtendienstlichen Informationen hatten, auf den
  Tisch gelegt hätten, dann hätte es keine deutsche Einheit gegeben.
  Dann wäre der Westen blamiert gewesen.*

- **Wie war sonst Ihre Zusammenarbeit als Innenminister mit den
  sowjetischen Behörden?**
  *Ich hatte sofort engen Kontakt und später eine Freundschaft mit dem
  russischen Botschafter Wjatscheslaw Kotschemassow. Und der KGB
  hatte ja wohl auch noch 50.000 Leute in der DDR. Also hab ich auch
  ganz offiziell mit Generaloberst Nowikow (Anatoli Nowikow, letzter
  Leiter der Berliner Auslandsdienststelle des KGB, Anm. d. Red.) und*

seinen Leuten gesprochen, dass man sich kennenlernt und Misstrauen abbaut, um alles, was den Prozess der Deutschen Einheit stören kann, zu vermeiden.

Bei einem Treffen war übrigens auch Putin als Dolmetscher dabei. Ich hatte auf sowjetischer Seite ausgesprochen verlässliche und sympathische Gesprächspartner, die letztendlich auch halfen, meinen Besuch in Moskau bei Armeegeneral Krjutschkow (Wladimir Krjutschkow, von 1988 bis 1991 Vorsitzender des sowjetischen Geheimdienstes KGB, Anm. d. Red.) zu organisieren.

Auch dieser Besuch verlief überaus positiv für uns Deutsche und zeigte mir, wie klug und aufmerksam man in Moskau das Geschehen in Deutschland verfolgte.

- **Wie war Ihre Einstellung zu den Sowjets zu DDR-Zeiten. Waren das Besatzer für Sie?**

Überhaupt nicht. Ganz im Gegenteil. Mein Vater war Offizier in der NVA und ich habe meine Kindheit auf dem Weißen Hirsch in Dresden mit russischen Kindern verbracht. So hab ich mit 3–4 Jahren meine ersten russischen Wörter gelernt. Für mich war die Anwesenheit russischer Soldaten auf dem Gebiet der DDR etwas Notwendiges und Selbstverständliches. Das war eine logische Konsequenz aus dem Zweiten Weltkrieg. Das ist damals in Jalta festgelegt worden.

2. Auszug aus einem Interview Dr. Diestels mit der Berliner Zeitung vom 30.09.2020 `Link-03`

- **Haben Sie gerade gesagt, die Stasi war der beste Geheimdienst?**
Ja, der Champions-League-Sieger. Die bundesdeutschen Geheimdienste waren im Verhältnis dazu vielleicht so Kreisklasse. Deshalb war auch der Hass auf die Stasi so groß.

Die Stasi hat zum Beispiel in den 8oer-Jahren alle Telefongespräche von wichtigen bundesdeutschen Politikern, Journalisten und Großindustriellen abgehört, ausgewertet, registriert. Hätte man alles an die Öffentlichkeit geben können, habe ich aber nicht gemacht.

- **Warum nicht? Wäre das nicht die Gelegenheit gewesen, alles auf den Tisch zu legen, aus dem Osten und dem Westen?**

  Das haben die Grünen und die Sozialdemokraten auch so gesehen. Aber das wäre Erpressung und Nötigung gewesen. **Das Wissen, dass ein Bundespräsident für uns als „IM Kardinal" gearbeitet hat, dass es von dem obszöne Bilder und Informationen über strafrechtlich relevante sexuelle Praktiken gab.** *So was mache ich nicht. Ich bin kein Verräter. In meinen Büchern habe ich die Decknamen genannt, und die bundesdeutschen Nachrichtendienste wissen das alles.*

Anlage:

Zusammenfassung der Maßnahmen der sowjetischen Besatzungsmacht in der DDR zur Sicherung eines unblutigen Mauerfalls 1989

Fünf Maßnahmen der sowjetischen Besatzungsmacht in der DDR 1989 (Westgruppe, Geheimdienste)	Zu welchem Zweck?
I Aussetzung der Schusswaffengebrauchs-Bestimmung: April 89 – bei Grenzdurchbrüchen an der DDR-Westgrenze (durch den Warschauer Pakt) November 89 – bei Unruhen/ Aufruhr durch die Volkspolizei (auf „Bitten" Gorbatschows)	Grundlage für den unblutigen Ablauf der Aktion Mauerfall. Dieser war Voraussetzung für die, von der UdSSR seit 1986 geplante deutsche Einheit (wird detailliert im Buch beschrieben). Krenz musste nach Rückkehr vom Antrittsbesuch in Moskau am 3.11.89 der Polizei diesen Befehl erteilen. Beide Befehle waren der Öffentlichkeit nicht bekannt.

II 6.–13. November – Kasernierung der etwa 340.000 Soldaten der Westgruppe der sowjetischen Streitkräfte in der DDR

Damit waren keine bewaffneten sowjetischen Deserteure bei der Grenzöffnung zu erwarten. Jährlich versuchten 300–450 sowjetische Soldaten zu desertieren. Am 3. August 1989 wurde der DDR-Grenzer Horst Hnidyk an der Westgrenze von einem sowjetischen Deserteur erschossen.

III 9. 11. Einsatzbefehl für hochrangige ostdeutsche inoffizielle Mitarbeiter (IM) der sowjetischen Geheimdienste KGB und GRU.
(1989: ca. 50.000 KGB und GRU IM in der DDR)

Geräuschlose Übernahme der Weisungsmacht durch inoffizielle Mitarbeiter von KGB und GRU in der ZK-Tagung, Massenmedien und in den Kommandostrukturen von Grenztruppen und Passkontrolleinheiten der Stasi am Abend der Grenzöffnung.

IV 9. 11. Pressekonferenz von SED Politbüro-Mitglied Schabowski, Sekretär für Informationswesen zur Berichterstattung über die ZK-Sitzung und West-Reiseregelungen
- am Abend von 18–19 Uhr (bereits dunkel, die Leute auf dem Weg nach Hause, sehr viele schauten TV)
- Steuerung der Fragen/Antworten durch eingesetzte(n) Stichwortgeber
- trotz Zweifel an der Darstellung Schabowskis entschieden sich der Chef der Presseagentur ADN und der Pressesprecher der Regierung, Schabowskis Informationen für die Medien freizugeben.

Die nationalen und internationalen Medien über die ZK-Sitzung zu informieren und durch Desinformation viele Menschen zur Mauer zu schicken, um damit Druck aufzubauen und die Grenzöffnung zu erreichen. Schabowski „verwechselte" darum die ständige Ausreise von DDR-Bürgern mit der zeitweiligen Ausreise und antwortete auf die Frage, ab wann die neue Reiseregelung gilt: Ab sofort (was missverständlich war). Die Medien berichteten darüber, im Osten ab 19 Uhr und im Westen ab 20 Uhr. Hunderte Ostberliner liefen daraufhin zu den Berliner Grenzübergangsstellen, in der Erwartung, dass sie geöffnet würden. Ständig kamen mehr Menschen und erhöhten so den Druck.

Westberliner TV und Radiostationen berichteten live von den Übergangsstellen und heizten so die Hoffnung auf eine baldige Grenzöffnung an.

V **9. 11. Verlängerung der Tagung** des Zentralkomitees der SED unter dem Vorwand der ausführlichen Diskussion der schlechten wirtschaftlichen Lage. Ende kurz nach 20:30 Uhr (anstatt wie geplant um 18 Uhr), danach Heimfahrt der Teilnehmer. Da es 1989 noch keine Mobiltelefone gab, waren einzelne Tagungsteilnehmer erst ab etwa 22.30 Uhr über die Lage an der Grenze informiert. Zu spät, um Gegenmaßnahmen zu ergreifen. Es blieb nur noch als Option der Einsatz des Militärs. Jedoch waren in den Einheiten der Nationalen Volksarmee sowjetische Offiziere als Berater integriert, die diesen Schritt zur Eskalation verhinderten.

Durch diese Verlängerung der Sitzung wurden die 250 höchsten Partei- und Staatsfunktionäre in den für die Grenzöffnung entscheidenden Stunden total isoliert. Dadurch gab es weder eine Klarstellung zu den Ausführungen Schabowskis noch Befehle an die Kommandanten der Übergangsstellen.
Zum Druckabbau öffneten die Grenzer gegen 22 Uhr die ersten Übergänge für einzelne Personen zur ständigen Ausreise. Da der Druck aber weiter zunahm und Antworten der Vorgesetzten im Lagezentrum ausblieben, erfolgte die Grenzöffnung aus Eigenschutz (um nicht totgetreten zu werden) für alle Bürger kurz nach 23 Uhr.

Ausgewählte politische Akteure in der späten DDR

Erich Honecker	1912 Neunkirchen/Saar – 1994 im Exil in Santiago de Chile Generalsekretär der SED von 1971 – 1989. März 1991 Flucht vor der deutschen Justiz nach Moskau. Die sowjetischen Behörden weisen ihn wenige Tage nach Verbot der Kommunistischen Partei der Sowjetunion am 8.11.1991 aus. Asyl in der chilenischen Botschaft, danach Rückkehr nach Berlin. Der Prozess wegen der Toten an der Westgrenze wird wegen Verhandlungsunfähigkeit Anfang 1993 eingestellt und Honecker reist todkrank zu seiner Tochter nach Chile.
Egon Krenz	1937 Kolberg Besuchte 1964 – 1967 die Parteihochschule in Moskau. Seit 1973 Mitglied des ZK der SED und bis 1983 Vorsitzender der Jugendorganisation der DDR. Danach bis 1989 Mitglied des Politbüros und verantwortlich für Sicherheitsfragen. Er löste am 18.10. Erich Honecker von seiner Funktion als Generalsekretär der SED ab, die er bis zum 3.12. 1990 innehatte. Danach Ausschluss aus der Partei. 1997 wurde er wegen der Toten an der Westgrenze zu 6,5 Jahren Gefängnis verurteilt, von denen er fast vier Jahre im Strafvollzug verbüßte. Er wohnt in seinem Haus mit 36 qm Grundfläche an der Ostsee.
Markus Wolf	1923 Hechingen – 2006 Berlin Sohn des jüdisch-deutschen Schriftstellers Friedrich Wolf, der mit seinen Eltern das faschistische Deutschland verließ und seit 1934 in Moskau lebte. Er besuchte dort die Schule der Komintern und wurde als Sowjetbürger 1945 nach der Befreiung Berlins am 8. Mai Redakteur beim Berliner Rundfunk. Von 1949 – 1951 war er Erster Rat an der Botschaft der DDR in Moskau und übernahm dann nach Rückkehr nach Ostberlin die Leitung der Hauptabteilung Aufklärung des Ministeriums für Staatssicherheit, welche er bis 1986 leitete. Nachdem er Anfang 1986 erfahren hatte, dass sein Mentor Wladimir Semjonow seinen Wohnsitz 1986 nach Köln verlegen wird, ging er sofort in den Ruhestand.

Nach der Wiedervereinigung stand er mehrmals vor Gericht, hatte er doch fast 35 Jahre die DDR-Spionage geleitet und in westdeutschen Ministerien, Politik und Bundeswehr tausende von Spionen platziert. Er saß jedoch nur wenige Tage in Untersuchungshaft.

Er war der eigentliche Initiator von KoKo. Schon 1954 gründete er unter den Fittichen seiner Hauptabteilung Aufklärung die ersten „privaten" Außenhandelsfirmen.

Die Chefs dieser Firmen waren zu Beginn Juden, die von den Nazis verfolgt waren. Herschel Liebermann (alias Mischa Wischnewski) führte bis 1990 die 1954 gegründete Firma F.C. Gerlach Anstalt Vaduz. Er setzte sich 1993 nach Israel ab, erhielt sofort die israelische Staatsbürgerschaft und konnte damit nicht mehr ausgeliefert werden. Deutsche Staatsanwälte verdächtigen ihn, über 100 Millionen DM mitgenommen zu haben, auf die nach der Vereinigung die Bundesrepublik Anspruch erhoben hatte.

Kurze Zeit später wurden alle Verfahren gegen Wolf eingestellt.

Alexander Schalck-Golodkowski	1932 Berlin – 2015 Rottach-Egern, Bayern Staatssekretär im Ministerium für Außenhandel und Chef des Bereichs Kommerzielle Koordinierung (KoKo). Offizier des Ministeriums für Staatssicherheit im besonderen Einsatz (also verdeckt), Berater Honeckers für deutsch-deutsche Fragen. In der Krise des Jahres 1983 (die DDR stand vor der Zahlungsunfähigkeit) beschaffte er vom Bayerischen Ministerpräsidenten Franz-Joseph Strauss zwei Kredite zu je einer Milliarde DM. Als Gegenleistung musste die DDR die Selbstschuss-Automaten an der Westgrenze demontieren. Schalck-Golodkowski wurde 1932 als Sohn eines ehemals russisch-zaristischen Offiziers und einer deutschen Jüdin geboren. Sein Vater leitete die Sprachenschule der deutschen Wehrmacht in Berlin. Aufgrund der Rassengesetze ließ sich der Vater 1938 scheiden und der kleine Alexander kam in die Pflegefamilie von SS-Sturmbannführer Schalck. Deshalb der Doppelname.

Drei Wochen nach dem Mauerfall setzte sich Schalck-Golodkowski nach Westberlin ab und kam 1990 in Schutzhaft, wo er den Behörden über sein Wirken berichtete. Es wird kolportiert, dass er wichtige Informationen aus der deutsch-deutschen Politik – seine Memoiren – bei zwei Anwaltskanzleien hinterlegte und sie bevollmächtigte, diese zu veröffentlichen für den Fall, dass er einen Unfall erleiden würde.

Er lebte von 1993 bis zu seinem Tode in einer Villa am bayerischen Tegernsee, geschützt von Personenschützern der Polizei.

Abkürzungsverzeichnis

BRD	Bundesrepublik Deutschland, gegründet am 24. Mai 1949 auf dem Gebiet der amerikanischen, britischen und französischen Besatzungszone in Deutschland
DDR	Deutsche Demokratische Republik, gegründet am 7. Oktober 1949 auf dem Gebiet der sowjetischen Besatzungszone in Deutschland
Deutsche Einheit	Wiedervereinigung Deutschlands am 3. Oktober 1990
GRU	Glawnoje Raswedywatelnoje Uprawlenije – Militärgeheimdienst der Sowjetunion
IM	inoffizielle oder informelle Mitarbeiter der Stasi oder des KGB. Sie hatten eine Erklärung unterschrieben, die sie zur Verschwiegenheit verpflichtete
KGB	Komitet Gosudarstvenny Besopasnosti – Ministerium für Staatssicherheit der Sowjetunion
KoKo	Kommerzielle Koordinierung, ein Bereich im Ministerium für Außenhandel. Zum Ende der DDR umfasste dieser Bereich etwa 150 Unternehmensbeteiligungen und Unternehmen weltweit, etwa 25 davon in der DDR. Sie hatten in der DDR die Zollhoheit übertragen bekommen und zählten in der DDR als Devisenausländer. Ohne diesen Bereich, der nicht in der Planwirtschaft integriert war und nach kapitalistischen Prinzipien arbeitete, wäre die DDR-Wirtschaft schon eher kollabiert.
MfS	Ministerium für Staatssicherheit der DDR
Oder-Neiße-Grenze	Ostgrenze Deutschlands, festgelegt durch die Alliierten in Jalta 1945, bestätigt im Potsdamer Abkommen 1945, akzeptiert im 2+4-Vertrag 1990 und danach im deutsch-polnischen Grenzvertrag am 14.11.1990 völkerrechtlich anerkannt. Die DDR hatte diese Grenze schon 1950 anerkannt.
OibE	Offizier im besonderen Einsatz. Offiziere der Stasi oder des KGB, die in ihrer Funktion unerkannt, Tätigkeiten in zivilen Positionen ausübten, welche als sicherheitsrelevant eingestuft waren.
Politbüro	höchstes Organ des Zentralkomitees der SED

SBZ	Sowjetische Besatzungszone
SED	Sozialistische Einheitspartei Deutschlands, kommunistische Partei der DDR
SMAD	Sowjetische Militäradministration in Deutschland (Zeit vom 08.05.1945 bis 06.10.1949) Verwaltung der Sowjetischen Besatzungszone
Stasi	umgangssprachlich für das MfS
ZK	Zentralkomitee

Teil I
Pressekonferenz, Mauerfall und zehn Fragen

Zwischen dem 8. und 10. November 1989 tagte in Ostberlin das Zentralkomitee (ZK) der Sozialistischen Einheitspartei Deutschlands (SED), der kommunistischen Partei der DDR.

Drei Wochen vorher wurde Erich Honecker abgelöst und Egon Krenz war seit dem 18.10.1989 Generalsekretär der SED.

Die Tagung des ZK der SED war an diesem Tag bis 18.00 Uhr geplant, aufgrund lebhafter Diskussionen wurde sie aber erst kurz nach 20.30 Uhr beendet.

Um über Ergebnisse der ZK-Tagung zu berichten, hatte Günter Schabowski, Mitglied des Politbüros für Informationswesen, am 9. November 1989 für 18.00 Uhr eine Pressekonferenz angesetzt. Günter Schabowski kam in Begleitung der Mitglieder des SED-Zentralkomitees Helga Labs, Gerhard Beil und Manfred Banaschak. Teilnehmer der Pressekonferenz waren in der DDR akkreditierte Journalisten aus aller Welt sowie Vertreter von DDR-Medien.

Hier die gekürzte Fassung der Aufzeichnung der Pressekonferenz: Link-04
Schabowski berichtete über die ZK-Tagung, relativierte seine Mitschuld an der aktuellen Krise, dem Personenkult und sprach über die ständigen Ausreisen von DDR-Bürgern. Er sagte, dass auch die BRD nicht die Kapazität habe, alle DDR-Bürger unterzubringen und mit Arbeit zu versorgen.

Er informierte über die bestehende Möglichkeit der ständigen Ausreise über Grenzübergangsstellen der DDR für jene Bürger, die die DDR dauerhaft verlassen wollten.

Diese Regelung sollte sofort in Kraft treten, da die Ausreise über ein Bruderland (er meinte die Tschechoslowakei, der Verfasser) von diesem Land stark kritisiert worden war und die Regierung die Grenze zur DDR zu schließen drohte.

Ein Journalist stellte kurz vor Ende der Pressekonferenz diese Frage:

„Ich heiße Riccardo Ehrman, ich vertrete die italienische Nachrichten-agentur ANSA. Herr Schabowski, Sie haben von Fehlern gesprochen. Glauben Sie nicht, dass es war eine große Fehler, diese Reisegesetz-entwurf, das sie haben vorgestellt vor wenigen Tagen?"

Schabowski wirkte daraufhin irritiert – einige Journalisten schrieben später „verwirrt". Er sprach die Westjournalisten mit „Genossen" an und begann zur politischen Lage sowie zu den Ausreisen zu referieren und danach Auszüge aus der Reiseregelung vorzulesen. **Link-04**

Offenbar verwechselte Schabowski bei der weiteren Beantwortung der Frage die ständige Ausreise mit Besuchsreisen und damit nahm die Diskussion eine andere Richtung.

Schabowski: *„[...] Also, Genossen, mir ist das hier also mitgeteilt worden, dass eine solche Mitteilung heute schon vorbereitet worden ist."*

Er liest vor: „Privatreisen nach dem Ausland können ohne Vorliegen von Voraussetzungen – Reiseanlässe und Verwandtschaftsverhältnisse – beantragt werden. Die Genehmigungen werden kurzfristig erteilt. Die zuständigen Volkspolizei-Kreisämter sind angewiesen, Visa zur ständigen Ausreise unverzüglich zu beurteilen, ohne dass dafür noch geltende Voraussetzungen für eine ständige Ausreise vorliegen müssen."

Die leicht ermüdeten Journalisten schauten auf. Unruhe. Stimmengewirr. Schabowski blätterte suchend in seinen Unterlagen und Journalisten fragten, ab wann diese Regelung gelte. *„Das trifft nach meiner Kenntnis, ist das sofort, unverzüglich,"* stammelte Schabowski. **Link-05**

Kurz nachdem Schabowski seine alles entscheidenden Worte *„ab sofort, unverzüglich"* gesagt hatte, war die Pressekonferenz zu Ende. Sie war vom DDR-Fernsehen live übertragen worden. Die Journalisten brauchten einige Minuten, um die Tragweite zu verstehen und stürzten dann an die Telefone. Aktuelle Kamera (Ost) und Tagesschau (West) meldeten um 19.30 Uhr und 20.00 Uhr das Ereignis des Tages. Der Ansturm auf die Grenzübergangsstellen führte gegen 22.30 Uhr zur Öffnung der Schranken. Zuerst an der Bornholmer Brücke im Bezirk Prenzlauer Berg, bis dann kurz nach Mitternacht alle Schranken in Berlin und an der

Westgrenze geöffnet wurden. Es gab zu diesem Zeitpunkt acht innerstädtische Grenzübergänge.

Wobei die Mehrzahl der über 100.000 Ostberliner, die Westberlin besuchten, wieder zurück wollte; sie mussten schließlich am nächsten Tag wieder zur Arbeit gehen. Einige Tausend sagten der DDR an diesem Abend allerdings Lebewohl.

Walter Momper, damaliger (West-)Berliner Regierender Bürgermeister, beschreibt in seinem Buch **Grenzfall** ein Treffen mit Schabowski am 29. Oktober 1989 im Ostberliner Palast-Hotel zur Information über die neue Reiseregelung und dem zu erwartenden Ansturm der Ostberliner: *„Schabowski galt wie Modrow als Anhänger der Reformen Gorbatschows. In Journalistenkreisen war er als einer der möglichen Nachfolger Honeckers gehandelt worden, denn er hatte stets gute Drähte zu den Sowjets. Jetzt war er praktisch der zweite Mann im Staate. Angesichts seines offensichtlichen Vorsprungs an Intelligenz gegenüber Egon Krenz war er seit Honeckers Abgang der eigentlich mächtige Mann in der neuen DDR-Führung." *(3)

Meine Zweifel an einem spontanen Mauerfall begannen Anfang Januar 1990.

Damals erhielt ich einen Anruf aus der Zentrale des Konzerns, für den ich in Ostberlin als Vertreter arbeitete. Ich solle die mir im Dezember 1989 übertragene Gründung einer Vertriebsgesellschaft in der DDR sofort einstellen. Begründung: Es wird bald keine DDR mehr geben. Aber die Diskussion der Parteien zur deutschen Einheit begann erst nach der Volkskammerwahl im März, acht Wochen später.

Woher wusste man zu diesem Zeitpunkt an der Konzernspitze in den USA, dass es keine DDR mehr geben würde?

Bereits Mitte Dezember 1989 hatte ich auf einem Meeting mit US-Botschaftsangehörigen eine junge Frau kennengelernt, die sehr gut deutsch sprach und die mir von ihrer Masterarbeit mit Thema zur deutschen Einheit berichtete. Sie war damals seit etwa zwei Jahren in Ostberlin auf Posten und sehr stolz, dass sie die kommende Einheit und den Zeitpunkt ziemlich genau beschrieben hatte. Im Dezember dachte ich noch: Glück gehabt mit dem Thema. Nun aber kam der Gedanke: Hatte es einen Plan für den Mauerfall gegeben?

Um selbst besser zu verstehen, was am Abend des 9. November 1989 wirklich passiert war, hatte ich 1991 begonnen – nach meiner Versetzung nach Moskau – die Beziehung der Sowjetunion zur DDR, die Parallelität zeitlicher Abläufe, Ereignisse und Dokumente sowie die Aktivitäten handelnder Personen zu analysieren. Gespräche mit ehemaligen sowjetischen Diplomaten und Militärs, die sich gut mit der DDR auskannten, ergänzten meinen Wissensstand. Ich las Bücher von Zeitzeugen zum Mauerfall, darunter Schewardnadses Buch **Die Zukunft gehört der Freiheit,** in dem er die Hintergründe der deutschen Einheit beschreibt.

Nach Eintritt in den Ruhestand wollte ich meine Sicht zum Mauerfall aufschreiben. Eine Krankheit zwang mich dann länger zu pausieren, sodass das Buch erst zum 30. Jahrestag des Mauerfalls erschien. Der Vorteil: Ich konnte auf neuere Veröffentlichungen reagieren.

Schon 1986 prognostizierte der sowjetische Außenminister Schewardnadse, dass zwei deutsche Staaten ein Risiko für Europa sind. *„Die Existenz zweier deutscher Staaten im Herzen des Kontinents verwandelte sich unter den gegenwärtigen Bedingungen in eine Anomalie, die die Sicherheit Europas ernstlich bedrohte, und es kam darauf an, sich Gedanken darüber zu machen, wie eine gefährliche Unlenkbarkeit der Ereignisse mit politischen Mitteln zu vermeiden wäre.“* (4)

Schwerdnadse musste auch feststellen, dass *„im Bewusstsein des sowjetischen Volkes die Existenz zweier deutscher Staaten als Garant für den Frieden in Europa angesehen wurde“.* (4) Er betonte, dass es 1986 in der Sowjetunion unmöglich war, dieses Problem und dessen Lösung öffentlich anzusprechen. Die Politik durfte diese Sicht der sowjetischen Menschen nicht ignorieren.

Meine Sicht: Aus diesem Grund erfolgten Diskussion und Entscheidung zum Einsatz der „politischen Mittel" im Geheimen und die Mauer fiel geplant, in einer verdeckten Aktion. 1986, als Schewardnadse diese Gedanken intern diskutierte, war die Sowjetunion durch den Afghanistan-Krieg schon geschwächt und es zeichnete sich ihre Niederlage ab.

Seit 1982 verhandelten in der Schweiz die Konfliktparteien eine Friedenslösung und am 14. April 1988 wurde das Genfer Abkommen geschlossen. Der Rückzug der etwa 100.000 sowjetischen Soldaten aus Afghanistan endete am 15. Februar 1989. Die ruhmreiche Sowjetarmee hatte verloren, ihr Prestige war angeschlagen und das Durchsickern von Informationen zu einem geplanten Rückzug aus Osteuropa hätte einen Putsch der Armee auslösen können.

Die Sowjetarmee hatte bis zum Afghanistan-Krieg Stärke und Prestige aus der Besetzung Osteuropas bezogen. Die friedliche Koexistenz in Europa wurde auch der Stärke der Sowjetarmee in Osteuropa zugeschrieben. Ein Abbau der Besatzungsarmee nach der Niederlage in Afghanistan wäre in der Sowjetunion als Schwäche gedeutet worden. Für die Generale und Offiziere wäre es ein weiterer Verlust an Macht und lukrativen Posten gewesen.

In der Tschechoslowakei waren 1989 über 75.000 Soldaten stationiert (seit 1968), in Ungarn 60.000, in Polen 65.000, und in der DDR 340.000 (in diesen Ländern seit 1945). Zusammen über eine halbe Million Soldaten. Hinzu kamen die Familienangehörigen und Zivilbediensteten, so dass etwa eine Million sowjetische Militärangehörige im Ausland lebten.

Da der Lebensstandard in den Ostblockstaaten wesentlich höher als in der Sowjetunion war und – im Gegensatz zu Afghanistan mit fast 15.000 gefallenen und sehr vielen verwundeten und traumatisierten sowjetischen Soldaten – Frieden herrschte, wirkte die Stationierung in der DDR oder einem der anderen Länder für sowjetische Offiziere wie eine Beförderung.

Die Versetzung in ein Ostblockland konnte mit einem Upgrade von der Touristenklasse in die Businessklasse verglichen werden. Eine Versetzung in die DDR jedoch war wie ein Upgrade in die erste Klasse. Je höher der Dienstgrad, desto sichtbar höher der Lebensstandard, verglichen mit einem Offizier mit gleichen Dienstgrad an einem Standort in der UdSSR. Rechnet man einen Anteil von 15% an Offizieren bei 500.000 sowjetischen Soldaten im Ostblock, wären das etwa 75.000 gut verdienende Offiziere gewesen. Ein Rückzug hätte sie hart getroffen. Diese berechtigte Angst der sowjetischen Führung vor inneren Unruhen, ausgelöst durch die Armee, war einer der beiden Gründe für den verdeckt geplanten Mauerfall, der später so ausgeführt wurde, dass bis heute in der öffentlichen Darstellung viele Meinungen zu hören sind, aber niemand im Nachhinein genau sagen kann, wie er geschah und wer ihn konkret zu verantworten hatte.

Der andere Grund war die DDR, deren politische Führung nur im Schutz der Mauer existieren konnte und die sich einem Mauerfall mit allen Mitteln, militärische inbegriffen, widersetzt hätte.

Bei Kenntnis dieser Tatsachen erhielt die Aussage Schewardnadses *„von einer gefährlichen Unlenkbarkeit der Ereignisse, die mit politischen Mittel zu vermeiden wäre"* eine ganz andere Dimension der Bedeutung. Sie war offenbar Ausgangspunkt für eine Beschlussvorlage, um Maßnahmen einzuleiten, die verhindern sollten, dass es zu dieser *„gefährlichen Unlenkbarkeit der Ereignisse"* komme.

Jetzt sind 30 Jahre vergangen, die Sowjetunion und die DDR sind Geschichte, die damaligen Akteure mehrheitlich verstorben. Ob die russischen Archive der Jahre 1989/90 nach 30 Jahren Sperrfrist tatsächlich alle Dokumente dieser Jahre freigeben, ist noch nicht abzusehen.

Im Jahr 2021 besteht für Russland aber die Chance, die wahre Geschichte des Mauerfalls und der deutschen Einheit zu erzählen.

Nach der Weisheit der Bibel (Hiob 1;21) „Der HERR hat's gegeben, der HERR hat's genommen" konnte auch in dieser irdischen Angelegenheit 1989 nur die Herrin des Mauerbaus – die UdSSR – den Mauerfall friedlich herbeiführen.

Die Sowjetunion hatte zur Vermeidung dieser „aufkommenden gefährlichen Situation" nicht nur das kreative Potential ihrer Spezialisten in Außenministerium und KGB, um darüber nachzudenken, welche politischen Mittel eingesetzt werden sollten, damit das Problem friedlich gelöst werden konnte. Sie hatte außerdem mit ihrem in der DDR stationiertem Personal des KGB und dessen straff geführtem ostdeutschem Agentennetz auch die Ressourcen dazu.

1989 wurde mit der Grenzöffnung eine Situation geschaffen, die einen Paradigmenwechsel hin zur deutschen Einheit und den damit verbundenen Rückzug der sowjetischen Truppen aus der DDR und anschließend aus Osteuropa einleitete. Die Sowjetunion wurde seither in der Öffentlichkeit (Ost wie West) nicht als Verursacher des Mauerfalls benannt – was für ihre innenpolitische Stabilität und den Frieden in Europa sehr wichtig war. Wie gut dieses Wahrnehmungsmanagement zum Mauerfall auch noch heute funktioniert, zeigt die Vielzahl der Begründungen aus dem Jahr 2013.

Aktuelle deutsche Berichte zum Mauerfall haben überwiegend diesen Tenor: *„Die Revolution in der DDR kam völlig überraschend. Die Mauer fiel, niemand hatte damit gerechnet. Die ‚Herstellung' der deutschen Einheit erfolgte in einem rasanten Tempo."* Link-06

Laut einer Umfrage von INSA-Meinungstrend von 2013 gibt die deutsche Bevölkerung folgende Gründe für den Mauerfall an:
* Proteste der DDR-Bevölkerung
* Gorbatschows Politik
* Versagen der Planwirtschaft
* Fehlende Reisefreiheit
* Attraktivität freier Gesellschaften
* Ergebnis der Entspannungspolitik
* Schabowskis Pressekonferenz
* Die Friedenspolitik der Kirchen
* Papst Paul II. – sein Aufruf für Freiheit und Menschenrechte
* Außenpolitik der US-Präsidenten Link-07

Ein guter Einstieg zum Verständnis der sichtbaren Abläufe am 9. November ist die Webseite **www.chronik-der-mauer.de**. Sie können unter „Chronik" im Zeitstrahl das Jahr 1989 aufrufen und sich dann durch die einzelnen Tage mit besonderer Bedeutung klicken. Link-27

Der Mauerfall wurde als geheimdienstlich geplante, verdeckte Operation vollzogen. Für die Darstellung in der Öffentlichkeit wurde ein ausgeklügeltes Wahrnehmungsmanagement entwickelt, welches auch noch heute funktioniert. Im Folgenden soll anhand der Beantwortung von zehn Fragen gezeigt werden, wie beim Mauerfall das Zusammenspiel von Sichtbar und Unsichtbar verlief und welche politischen Hintergründe, Tricks und Täuschungen dabei eine Rolle spielten.

1. Wie führte und kontrollierte die Sowjetunion hohe und höchste Funktionäre der DDR?

„Die Vertretung des KGB in der DDR führte ein eigenes Netz von Quellen unter DDR-Bürgern, das auch gegenüber dem MfS streng abgeschirmt wurde." (5)

Eine Aussage der Ex-Generäle des MfS Werner Großmann und Wolfgang Schwanitz in ihrem Buch **Fragen an das MfS.** Es gab also zwei Geheimdienste, welche die DDR kontrollierten – den KGB (Komitet Gosudarstvennoy Bezopasnosti – Komitee für Staatssicherheit) und das Ministerium für Staatssicherheit, umgangssprachlich auch „Stasi" genannt.

Mit Übergabe vieler Hoheitsrechte durch die UdSSR an die DDR Ende 1949 hatte der KGB ständig bis zu 1.200 hauptamtliche Mitarbeiter in der DDR stationiert, die Ostdeutschland unter Moskaus Kontrolle hielten. Die DDR-Zentrale des KGB in Berlin-Karlshorst hatte bis 1990 eine ständige Außenstelle im Ministerium für Staatssicherheit der DDR in der Ostberliner Normannenstraße mit etwa 20–25 Mitarbeitern und – mit weniger Personal – bei den 14 Bezirksverwaltungen der DDR. Um Zutritt zu allen MfS-Dienststellen zu haben, erhielten diese Mitarbeiter Ausweise des MfS. In der Außenstelle Dresden arbeitete Wladimir Putin, heute Präsident Russlands, beginnend 1986 als Hauptmann des KGB, 1990 dann bei Rückkehr in die UdSSR Oberstleutnant. Link-08

Der KGB führte und kontrollierte die DDR auch über die nachrichtendienstliche Anbindung führender Funktionäre, Generale, Obristen. Es flossen Informationen in Richtung Moskau und von dort bekamen die deutschen Inoffiziellen Mitarbeiter (IM) und Offiziere im besonderen Einsatz (OibE) ihre Handlungsanweisungen.

Bei Bewertung der Ereignisse von 1989/90 muss an diese Quellen erinnert werden. Neben hauptamtlichen ostdeutschen Mitarbeitern des KGB gab es auch DDR-Bürger als inoffizielle/informelle Mitarbeiter (IM), überwiegend in höheren und höchsten Positionen von Parteien und Regierung, aber auch in Massenorganisationen, Wirtschaft, Kirche und der Opposition.

Trotz intensiver Suche habe ich in der Literatur keine Angaben zur Anzahl der in der DDR tätigen inoffiziellen ostdeutschen Mitarbeiter des

KGB gefunden. Deshalb mein Versuch sie auf Grundlage des Verhältnisses „Anzahl IM pro Führungsoffizier" im Ministerium für Staatssicherheit der DDR zu berechnen.

Unter Zugrundelegung nach der Wende publizierter Angaben – etwa 173.000 Stasi-IM und etwa 12.000 Führungsoffiziere für das Jahr 1989 – ergab das ein Verhältnis von etwa 15 IM pro Führungsoffizier. Unterstellt, dass bei 1.000 – 1.200 Mitarbeitern in der KGB-Zentrale in Ostberlin und in deren Außenstellen in allen Bezirken etwa 130 – 160 Mitarbeiter überwiegend als Führungsoffiziere tätig waren, so wären das 1989 etwa 2.000 – 2.500 DDR-Bürger gewesen, die vom KGB als Agenten mit unterschiedlichsten Aufgaben beauftragt wurden.

Daneben gab es noch den sowjetischen militärischen Geheimdienst GRU mit seiner Zentrale in Wünsdorf.

Verglichen mit der Anzahl der Stasi-IM im Jahre 1989 ist die Anzahl der informellen ostdeutschen KGB-Mitarbeiter niedrig. Sie dürfte aber in der Qualität der geführten Mitarbeiter und deren Aufträgen einen beträchtlichen Unterschied gehabt haben. Diese KGB-IM kontrollierten auch die höchsten Funktionäre der DDR.

Ein ehemaliger informeller ostdeutscher KGB-Mitarbeiter, der in einer hohen Position in einem DDR-Ministerium arbeitete, veröffentlichte 2013 das Buch **Anonymus, Spion im eigenen Land – Mein Leben als DDR-Bürger und KGB-Agent.**

Daraus drei Aussagen, die für sich selbst sprechen. Sie beziehen sich offenbar auf Gespräche mit seinem KGB-Führungsoffizier Mitte der 80er Jahre:

1 *„Sein Führungsoffizier – immer noch derselbe, der ihn angeworben hatte und den er nur als ‚Wolodja' kannte – gab ihm neben Sonderaufgaben immer neue Aufträge, die hauptsächlich entweder bevorstehende Entscheidungsprozesse im Regierungsapparat der DDR oder Stimmungsbilder aus den verschiedensten gesellschaftlichen Bereichen betrafen."* (Seite 16)

2 *„Wir wissen, dass jemand von Mielkes Truppen hinter Dir her ist. Leider wissen wir nicht, wer. [...] Auf Herves fragenden Blick erklärte er ihm, dass bereits seit längerem im Hause Mielke versucht wird, herauszubekommen, wer in der DDR dem ‚Großen Bruder' dabei helfe, den verbündeten deutschen Staat unter Kontrolle zu halten, damit*

keine in Moskau unerwünschten politischen Eigenmächtigkeiten passieren.“ (Seite 67)

3 *„Das Hauptproblem ist, dass Mielke, obwohl er immer wieder die tschekistische Tradition betont, manchmal ein doppeltes Spiel mit uns betreibt.“* (Seite 89) (6)

Es war nach 1945 Bestreben der Sowjetunion, auch höchste Politiker der Satellitenstaaten als Informanten des KGB zu binden. Bekanntestes Beispiel war Imre Nagy, der als Politiker die Unabhängigkeit Ungarns wollte, sich mit dem KGB als dessen IM überwarf und dann 1956 hingerichtet wurde.

Die DDR-Zentrale des KGB in der Zwieseler Straße in Berlin-Karlshorst war die größte Auslandsvertretung des sowjetischen Geheimdienstes. Sie führte schon 1953 als inoffizielle Mitarbeiter die führenden SED-Funktionäre Wilhelm Zaisser (damaliger Minister für Staatssicherheit der DDR) und Rudolf Herrnstadt (den Chefredakteur des Neuen Deutschlands), später dann nach dem Sturz Zaissers, dessen Nachfolger Wollweber. Link-09 Link-10

Der spätere sowjetische Botschafter in Bonn, Kwizinskij, der bis 1965 an der Botschaft in Ostberlin arbeitete, bestätigte in seinem Buch **Vor dem Sturm** Kontakte des diplomatischen Personals der Botschaft (nicht des KGB) bis ins Politbüro zu besitzen. Die geschilderte Situation betrifft die Zeit nach dem Machtantritt Honeckers 1971 bis etwa 1975.

„Dennoch verfügten wir natürlich über eigene Informationsquellen im Politbüro des ZK der SED. Über sie wußten wir, dass Honecker immer ungenierter und abschätziger über Breshnew und die Sowjetunion sprach. Für viele der ehemaligen Mitkämpfer Ulbrichts und sogar für manches jüngere Führungsmitglied war dies schon fast ein Sakrileg, und man erwartete energische Gegenmaßnahmen von uns. Manche von denen, die versucht hatten, Moskau zum Eingreifen zu bewegen, kamen unter sonderbaren Umständen ums Leben, andere gestanden frei heraus, dass sie über dieses Thema nicht mehr sprechen wollten. Da die sowjetischen Genossen offenbar nichts unternehmen, habe es keinen Sinn, die eigene Stellung oder gar den Kopf zu riskieren.“ (7)

Damit kam der Informationsfluss aus diesem Kanal zum Erliegen und nach Gorbatschows Machtantritt etablierte der KGB einen neuen

zweiten Kanal, nun aber eine rein nachrichtendienstliche Informations-
gewinnung.

K. W. Fricke und B. Marquardt schrieben in ihrem Buch **DDR-Staats-
sicherhei**t über eine geheime nachrichtendienstliche Außenstelle in der
sowjetischen Botschaft in Ostberlin:

*„Der Aufbau dieser ,Gruppe Ljutsch' (Lichtstrahl) des KGB ist Mitte
der 8oer Jahre wegen wachsender Zweifel an der unbedingten Loyalität der DDR-Führungskader gegenüber der Sowjetunion begonnen und
auch vor dem DDR-Geheimdienst geheimgehalten worden [...]. In dem
Geheimdienstbericht, der den Wissensstand nicht nur des Bundesverfas-
sungsschutzes, sondern auch der anderen führenden westlichen Nachrichtendienste zusammenfasst, heißt es über die ,Gruppe Ljutsch', sie
habe, zumindest seit Mitte der 8oer Jahre den Auftrag gehabt, Bewohner
der DDR in Leitungsfunktionen zur Zusammenarbeit mit dem KGB zu ver-
pflichten, um auf diese Weise gesellschaftspolitisch relevante Prozesse
beeinflussen zu können."* (8)

Es wurden insbesondere Personen aus Kirchen, Blockparteien, Jugend-
organisationen, neugegründeten Parteien und unter den Bürgerrechtlern
angeworben.

Aus meiner Sicht war diese Gruppe auch leitend im Team derjenigen,
die sich Gedanken darüber machten, *„wie eine gefährliche Unlenkbarkeit
der Ereignisse mit politischen Mitteln zu vermeiden wäre"*.

Darum musste sie ihren Sitz abgeschirmt von der KGB-Zentrale in
Karlshorst in der sowjetischen Botschaft Unter den Linden haben.

In der Sendung FAKT des MDR vom 14.11.1994 [...] sprach die ehemalige Bürgerrechtlerin Bärbel Bohley davon, dass sie schon immer ver-
mutet habe, das Neue Forum sei praktisch der verlängerte Arm Moskaus
gewesen. Es habe damals viele im Neuen Forum gegeben, die seltsame
Berührungspunkte mit der Sowjetunion gehabt hätten, so Bohley. Die
Autoren des Berichts verwiesen jedoch darauf, dass der KGB-Offizier
Laptjew im Interview keine Namen von angeworbenen Agenten der
Gruppe ,Luch' genannt habe. (zitiert nach Andreas Förster, **Auf der Spur
der Stasi-Millionen**) (9) Wie beschrieben, hatte die KGB-Zentrale in der
DDR Außenstellen, sowohl in der Stasi-Zentrale in der Normannenstraße
in Ostberlin als auch in den Bezirken.

Da zum einen oft eine kameradschaftliche Zusammenarbeit zwischen den Mitarbeitern beider Dienste erfolgt sein dürfte, hätte die Gefahr bestanden, dass Informationen zum geplanten Mauerfall und dem nachfolgenden Sturz der Regierung durchgesickert wären.

Zum anderen konnte man so noch zu DDR-Zeiten eine nachrichtendienstliche Gruppe in der Botschaft aufbauen und legendieren, denn nach der angestrebten deutschen Einheit würde die KGB-Zentrale in Karlshorst Geschichte sein.

Abschottung zu den Kollegen war das eine, außerdem hatten diese KGB-Mitarbeiter damit die Möglichkeit als Botschaftsmitarbeiter oder Journalisten aufzutreten, auch war (im Gegensatz zur Residentur in Karlshorst) der Zugang von DDR-Bürgern möglich, z. B. über den unverfänglicheren Eingang der Handelsvertretung.

Anmerkung: Man wollte vermutlich den Anzuwerbenden auch die Sicherheit vermitteln, dass es nicht die Stasi war, mit der man sich unterhielt. An einem neutralen Ort, wie einem Restaurant, wäre der Nachweis sicherlich schwieriger gewesen. Nur einen KGB-Ausweis zu zeigen reichte nicht, das kannten die Bürger schon aus Agentenfilmen. Der gezeigte Ausweis konnte eine Fälschung sein. Des Weiteren konnten in der Botschaft nicht durch Dritte abhörbare Gespräche geführt werden und Einweisungen der neuen Agenten erfolgen.

Ferdinand Kroh beschreibt in seinem Buch **Wendemanöver – die geheimen Wege zur Wiedervereinigung** ein Gespräch vom März 1986.

Der persönliche Mitarbeiter des SED-Politbüromitgliedes Hermann Axen, Manfred Uschner, hatte in Moskau mit dem stellvertretenden Leiter der ZK-Abteilung für internationale Beziehungen und ersten außenpolitischen Berater Gorbatschows, Sagladin, ein Gespräch geführt:

„Sagladin machte Uschner an jenem Vormittag zum ersten und vielleicht wichtigsten Informanten über die Situation in der DDR: Dem SED-Politbüromitarbeiter wurden im Laufe der folgenden Jahre drei Kontaktmänner zur Verfügung gestellt, die höchstwahrscheinlich zum KGB-Geheimapparat ‚Luch' (deutsch: Strahl) in der DDR gehörten. Ihnen hatte Uschner von nun an regelmäßig mehrmals im Monat über die Stimmung im Lande sowie die Situation im ZK und Politbüro Bericht zu erstatten." (10)

Interessant ist auch ein Interview Modrows über seine Anfrage beim Bundesverwaltungsamt zu den Unterlagen des BND. Ein Nebenaspekt war, dass Modrow erfuhr, dass er zum Ende der DDR als ZK-Mitglied auch von der Stasi überwacht wurde und die Stasi einen Vorgang anlegte, offenbar weil er sich in seiner Funktion als Chef der SED-Bezirksleitung mit dem Leiter der KGB-Residentur in Dresden getroffen hatte. Modrow schildert in diesem Interview mit dem Sputnik im Juli 2018, dass offenbar auf Betreiben Honeckers die Überwachung erfolgte, um Dinge zu finden, die ihn als Sympathisant Gorbatschows diskreditierten sollten, sodass man ihn absetzen konnte. Es hätte aber auch sein können, dass man ihn „nur" der Zuarbeit für den KGB verdächtigte, was seit 1986 ein „Kündigungsgrund" in wichtigen Stellen in der DDR war. **Link-11**

Das Thema der geteilten Loyalität bei zwei Dienstherren soll am Beispiel des Ministeriums des Innern (MdI) gezeigt werden. Die Stasi war ja Fleisch vom Fleische des KGB.

So ähnlich dürfte es auch vom KGB mit Angehörigen des Ministeriums für Staatssicherheit bzw. anderen Ministerien und Bereichen der DDR gehandhabt worden sein.

„Die Anleitung und Kontrolle des MdI erfolgte durch die 357 Mitarbeiter starke Hauptabteilung VII des MfS, die von Generalmajor Dr. Jochen Büchner geleitet wurde. Ihr oblag einerseits die Spionageabwehr, die die ständige Kontrolle vor allem der Leitungskader einschließlich des Ministers und seiner Stellvertreter einschloß, sowie andererseits die Organisation und Koordinierung des politisch-operativen Zusammenwirkens von MfS und MdI. Zu diesem Zweck verfügte das MfS über eine offizielle Dienst- und Verbindungsstelle (‚007'), zahlreiche Offiziere im besonderen Einsatz (OibE) und ein dichtes Netz inoffizieller Mitarbeiter (IM). Selbst mehrere stellvertretende Minister wurden als IM geführt." (11)

Das Verständnis um den Einsatz von IM des KGB in sensiblen Bereichen der DDR ist wichtig, um den Mauerfall nach Moskauer Drehbuch in allen seinen Aspekten zu verstehen. Auch stellvertretende Minister oder Mitglieder des SED-Zentralkomitees, vielleicht sogar Mitglieder des SED-Politbüros bzw. deren persönliche Mitarbeiter, konnten IM des KGB gewesen sein.

Auch waren Offiziere im besonderen Einsatz (OibE) tätig; Ostdeutsche, die hauptamtliche Mitarbeiter des KGB waren und verdeckt in Behörden, ausgewählten Kombinaten (Rüstung, Elektronik) und vermutlich auch im Bereich Kommerzielle Koordinierung des Alexander Schalck arbeiteten.

Aussagen führender ostdeutscher Politiker oder Offiziere zum Zeitpunkt 1989/90 mussten daher nicht zwangsläufig – wie von Historikern gern durch Zitate oder Mitschnitte belegt wird – von der DDR-Führung initiiert worden sein oder deren Standpunkt wiedergeben.

Diese Aussagen können auch auf Weisung des KGB erfolgt sein und damit sowjetische Interessen wiedergegeben bzw. DDR-Interessen manipuliert haben. Das trifft insbesondere auf die Vorbereitung und Durchführung der Pressekonferenz und nachfolgenden Mauerfall am 9. November zu.

Die DDR-Führung, die ja wusste, wie sie vom KGB kontrolliert und beeinflusst wurde, versuchte sich seit 1986 zunehmend vor Gorbatschows neuer Linie zu schützen. Immer häufiger wurden Personen aus sicherheitsrelevanten Führungspositionen, die einer inoffiziellen Mitarbeit beim KGB verdächtigt wurden (was nicht strafbar war), ohne besondere Begründung in weniger wichtige umgesetzt.

1987 verschlechterte sich nach dem Besuch Gorbatschows und Schewardnadses Ende Mai in Ostberlin das Verhältnis zwischen der SED und den Sowjets weiter. Wie der SPIEGEL am 3.11.2014 unter der Überschrift **Sollte die Mauer bereits 1987 fallen?** berichtete, hatten Gorbatschow und Schewardnadse die Idee geäußert, die Mauer abzureißen. Ein Mitarbeiter Schewardnadses notierte *„Scharfe Reaktion unserer Freunde auf diese Idee"*.

Interessant ist, dass Präsident Reagan wenige Tage nach dem Besuch am 12. Juni 1987 auf einer Veranstaltung auf der Westseite des Brandenburger Tors forderte: *„Mr Gorbachev, tear down this wall."* Link-12

Der eingangs erwähnte Manfred Uschner, persönlicher Mitarbeiter des SED-Politbüro-Mitgliedes Hermann Axen, wurde – nachdem man 1989 dessen Kontakte zu den Sowjets mitbekommen hatte – sofort in eine neue Stellung außerhalb des Politbüros umgesetzt. Man hatte zuerst überlegt, ihm den Prozess zu machen, dies aber wegen der damit verbundenen politischen Risiken später verworfen. (12)

Bei den in der in der DDR ansässigen Firmen des Bereichs Kommerzielle Koordinierung des Ministeriums für Außenhandel wurden für bestimmte Mitarbeiterkategorien private Reisen in die UdSSR seit Herbst 1986 anzeigepflichtig. (Reiserestriktionen für Beamte in sicherheitsrelevanten Positionen waren auch in der Bundesrepublik schon immer üblich.)

Man befürchtete offenbar Schlimmes: Reiste da jemand in die UdSSR, um von der Stasi unbeobachtet angeworben, seines Wissens abgeschöpft oder gar als Agent geschult zu werden?

Seit April 1986 war ich – Ostberliner – als Kommerzieller Mitarbeiter der Transinter GmbH in der Arbeitnehmerüberlassung für eine Westfirma tätig. Ich arbeitete in der neu eröffneten DDR-Repräsentanz eines US-Konzerns im Internationalen Handelszentrum (IHZ) am Bahnhof Friedrichstraße. Ende 1986 musste ich erstmals eine Anlage zum Urlaubsantrag für eine Reise in die Sowjetunion ausfüllen – für meinen DDR-Arbeitgeber, nicht für die Westfirma.

Ich musste angeben, zu wem ich warum reiste und woher ich die Leute kannte. Mit meiner Familie wollte ich über Silvester zu Bekannten nach Leningrad fahren (und musste dann viel Wodka mitnehmen, denn Gorbatschow hatte dem Alkohol den Kampf angesagt). Eine Begründung für diese Abfrage wurde nicht gegeben, nur erkundigte sich nach meiner Rückkehr mein Vorgesetzter bei Transinter nach meinen Bekannten, der Silvesterfeier und wie ich die Versorgung der Bevölkerung mit den Waren des täglichen Bedarfs einschätzte.

Anmerkung: Die Transinter GmbH in Ostberlin war das Flaggschiff des Bereichs Kommerzielle Koordinierung (KoKo) des Ministeriums für Außenhandel. Sie war Eigentümerin des Internationalen Handelszentrums (IHZ) mit seinen über 120 Büros westlicher Firmen, etwa zehn Vertretergesellschaften, die für die Zwangsverprovisionierung bei Importen von westlichen Firmen zuständig waren, sowie Firmen mit weltweiten Sonderaufgaben für KoKo, wie beispielsweise Waffenhandel.

In den Jahren bis 1989 bemerkte ich dann mehrere Umsetzungen von Managern des Transinter-Konzerns in andere, weniger strategisch wichtige Funktionen. Sie verließen plötzlich das IHZ-Gebäude und arbeiteten dann in anderen Unternehmensteilen. Inwieweit 1988 die Abberufung eines Kommerziellen Mitarbeiters aus dem Dow-Chemical-Konzernbüro und seine Versetzung in einen anderen Bereich auch mit dem Verdacht des KGB-Kontakts zu tun hatte, ist ungeklärt.

Einmal sprach mich mein Transinter-Vorgesetzter darauf an, was ich denn in der sowjetischen Botschaft zu tun hätte. Er hätte mich gesehen, als ich in die Handelsvertretung ging.

Das ist richtig, sagte ich ihm, die Firma lieferte auch in die Sowjetunion und in der Handelsvertretung musste ich Muster übergeben. Es blieben leichte Zweifel nach diesem Gespräch, offenbar nicht nur bei mir. Warum dieses Interesse an Privatreisen in die Sowjetunion und Kontakten zur sowjetischen Handelsvertretung?

Eine Erklärung für dieses Interesse und die Umsetzungen von Managern fand sich 1994 im Bericht zum Stasi-Untersuchungsausschuss, Bundestagsdrucksache 12/7600. Dort heißt es zur Kooperation der DDR-Staatssicherheit mit dem KGB im Bereich KoKo: *„Im Gegensatz zu anderen Sicherungsbereichen fand bei der Abwehrarbeit in Bezug auf das IHZ eine enge Zusammenarbeit mit dem Komitee für Staatssicherheit (KfS; entspricht dem KGB) der UdSSR statt."* Link-13 Seite 110

Die schon erwähnten MfS-Generäle Werner Großmann und Wolfgang Schwanitz schreiben zur Zusammenarbeit mit dem KGB in der DDR: *„Trotz der engen Zusammenarbeit galt im Informationsaustausch mit dem KGB immer das strikte Prinzip des Quellenschutzes. Informationen, aus denen Schlüsse auf deren Herkunft gezogen werden konnten, wurden niemals direkt an den KGB weitergeleitet, sondern immer mit zum Teil hohem Aufwand umgeschrieben, um die Herkunft zu verschleiern."* (13)

Meine Sicht: Der KGB wollte sich garantiert durch eigene Leute davon überzeugen, was man im IHZ so trieb und nicht mit Prosa aus dem Hause Mielke beliefert werden. So kann angenommen werden, dass diese „enge Zusammenarbeit" durch inoffizielle (oder sogar hauptamtliche?) ostdeutsche Mitarbeiter des KGB im IHZ realisiert wurde, die bessere Informationen lieferten, als vom MfS bearbeitete Lageberichte.

Es sei daran erinnert, dass Schalck nicht nur Staatssekretär im Ministerium für Außenhandel war, sondern auch als Oberst des MfS (Offizier im besonderen Einsatz) direkt Mielke unterstand. Für den Schutz seines Bereichs Kommerzielle Koordinierung gab es seit 1983 eine spezielle Struktureinheit des MfS, die Arbeitsgruppe BKK (Bereich Kommerzielle Koordinierung). Alle anderen MfS-Bereiche mussten sich mit dieser

AG abstimmen, wenn sie im Bereich KoKo tätig werden wollten. Link-13 Seite 110 ff.

In der Phase ab 1986, als die DDR zunehmend auf Konfrontation zu Gorbatschows Kurs ging, wollte das MfS diesen Informationsfluss aus dem IHZ in Richtung Moskau offenbar einschränken. Vielleicht betrieben die KGB-Vertrauten im IHZ nicht nur Abwehrarbeit gegen den Westen, sondern auch Aufklärung im Bereich KoKo?

Informierten sie Moskau, wie Firmen des Bereichs KoKo mit Transferrubeln in der Sowjetunion gekaufte Rohstoffe oder Waffen im Westen weiterverkauften und welchen Gewinn sie machten?

Ein unrühmliches Kapitel war 1986 der Verkauf sowjetischer Waffen an das Apartheid-Regime in Südafrika durch IMES, einem KoKo-Unternehmen, welches im IHZ seinen Sitz hatte. Sie sollten in False-Flag-Operationen zum Einsatz gegen die kommunistischen Rebellen in Angola kommen. Der Deal scheiterte, da die USA das Waffenembargo der UNO gegen Südafrika überwachten und durch einen zwischengeschalteten Waffenhändler von dem Geschäft erfuhren. Sie setzten das Schiff fest, welches die Waffen transportierte. Die Waffen wurden dann in Südamerika eingesetzt.

In einer Dokumentation unter dem bezeichnenden Titel Comrades & Cash sind diese und andere klandestinen Aktionen von KoKo-Firmen sehr anschaulich beschrieben. Link-14

Vermutlich auch aus Anlässen wie diesen versetzte man Manager aus dem IHZ, die der KGB-Zusammenarbeit verdächtigt wurden, in weniger sensible Positionen.

Wie dann die Wende neue Chancen für diese, der KGB-Zusammenarbeit Verdächtigten bot, wird hier erstmals beschrieben.

Der Ostberliner Sowjetbotschafter Kotschemassow hatte am 12. Februar 1990 auf seinen Wunsch hin ein Gespräch mit dem Westberliner Regierenden Bürgermeister Momper.

Hintergrund: Am 10. Januar hatte die Süddeutsche Zeitung gemeldet, dass die DDR wirtschaftlich am Ende sei. Bundeskanzler Kohl hielt es für möglich, dass die DDR bald zusammenbricht. Kohl war an diesem Tag nach Moskau zu Gorbatschow geflogen und diese Meldung war die

Begleitmusik. Vermutlich wollte der Botschafter, der die Meldung der Süddeutschen durch die Presseauswertung kannte, von Momper mehr erfahren.

Momper nutzte diese Meldung, um über die sich verschlechternde wirtschaftliche Lage im Osten zu sprechen und er schloss einen Kollaps der DDR nicht mehr aus. **Link-15**

Der Botschafter hatte die Lage wohl positiver eingeschätzt, wurde dann aber nervös, als Momper zu möglichen Auswirkungen auf die Versorgungslage der Westgruppe der sowjetischen Streitkräfte in der DDR und zu befürchtende Unruhen zu sprechen kam.

Momper: *„Ich widersprach ihm, nannte weitere Zahlen und Fakten und machte auch auf die schwierige Lage aufmerksam, in die die Westgruppe der sowjetischen Streitkräfte geraten könne, wenn im Falle einer krisenhaften Auflösung der DDR-Staatsorgane die Logistik zusammenbreche. Wenn dann die Armee ihre Verbindungslinien schützen müsse und bei der Bevölkerung der Eindruck aufkommen würde, die sowjetische Armee behindere den Prozess der deutschen Einheit, dann könnten leicht Konfrontationen entstehen, die ich den Deutschen und den Sowjets gerne ersparen würde."*

Dieses Gespräch Walter Mompers mit dem sowjetischen Botschafter dürfte der Grund für die schnelle Absicherung der Versorgungslinien der Westgruppe mit Vertrauten auf deutscher Seite gewesen sein, auch um mögliche Sabotageakte von Gegnern der Vereinigung auszuschließen. So kann das folgende Phänomen erklärt werden, welches ich später bei der weiteren Karriere einiger mir bekannter Führungskräfte von Transinter beobachtete.

Im Frühling/Sommer 1990 – mitten in der Abwicklung des Bereichs KoKo und seiner etwa 150 Unternehmen bzw. Unternehmensbeteiligungen im In- und Ausland – tauchten diese Personen plötzlich in Führungsfunktionen bei neu gegründeten Firmen auf, welche die Versorgung der sowjetischen Streitkräfte in der DDR übernommen hatten.

Ich wurde von einem Ex-Kollegen aufgefordert, Angebote für größere Mengen technischer Konsumgüter abzugeben, die wir bisher an die Forum GmbH lieferten und die dann im Intershop und auf den

Transit-Autobahnen vertrieben wurden und so auch den in der DDR stationierten sowjetischen Soldaten und Offizieren bekannt waren (da diese Produkte schwarz gehandelt wurden, z.B. Benzin aus den Depots der Sowjetarmee gegen Wodka oder andere begehrte Artikel, wie Audio- und Videokassetten).

Es scheiterte leider am Preis, sonst wären wir auch noch in der Endphase der DDR Hoflieferant der Westgruppe der sowjetischen Streitkräfte geworden.

Bei einem Abendessen mit diesem Ex-Kollegen und etwas reichlich Wodka sagte er mir dann, dass er einer der drei vom IHZ ausgesuchten Kandidaten für den, jetzt von mir besetzten Job im Repräsentanzbüro gewesen war. Aber dann sei offenbar von der Stasi ein Einspruch gekommen, so dass er – noch vor der Vorstellung bei der West-Firma – von der Kandidatenliste gestrichen worden sei.

Im Sommer 1990 waren noch etwa 500.000 sowjetische Militärangehörige in der DDR stationiert, die versorgt werden mussten. Sie lebten in fast 800 Kasernen an über 270 Orten.

Ihr Abzug begann Ende 1990 und endete im August 1994. 500.000 Menschen zu versorgen, das entsprach der Größe einer Stadt wie Dresden oder Leipzig. Mit dem Start der Währungsunion am 1. Juli 1990 erhielten die sowjetischen Soldaten ihren Sold auch in Westmark. Ein verheirateter Stabsoffizier bekam, zusätzlich zu Wohnung und Verpflegung noch etwa 1.500 Ostmark, ab 1. Juli 1990 Westmark. Ein Soldat erhielt hingegen 15 Ostmark/DM monatlich. Link-16

Schätzt man den Anteil der Offiziere an der Westgruppe mit etwa 15% (etwa 50.000 Mann) und den durchschnittlichen monatlichen Sold von 1.500 DM ab 1. Juli 1990, so ergab das eine monatliche Kaufkraft von etwa 75 Millionen DM. Hinzu kamen die Ausgaben für die Kantinenversorgung, Gehälter der Zivilangestellten und der bescheidene Sold der Soldaten. Da die Verkaufsstellen in den Kasernen exterritorialen Status hatten, erfolgte keine Besteuerung. Geschätzt 2/3 des monatlichen Solds landete deshalb in diesen Verkaufsstellen, der Rest wurde von den Offizieren und Zivilangestellten gespart und beispielsweise für ein Auto ausgegeben. Allerdings verringerte sich das Business mit dem Abzug der Soldaten, um dann Mitte 1994 beendet zu werden.

So bewahrheitete sich in einer Zeit hoher Arbeitslosigkeit im Osten ein letztes Mal für diese Genossen die alte Parteilosung: Von der Sowjetunion lernen, heißt siegen lernen! Sie hatten in dieser Zeit gut verdient und konnten ab 1994 dann in den Export mit gebrauchten PKW umsteigen, Immobilien kaufen oder sich im Ausland zur Ruhe setzen.

Während die Tätigkeit der DDR-Staatssicherheit durch die Öffnung der Archive nach 30 Jahren abschließend erforscht ist, bleibt das Wirken des KGB in der Endphase der DDR auf Vermutungen beschränkt, da es keine Archivöffnung gab.

Aus der Arbeitsweise der Stasi kann aber auf die Arbeitsweise des KGB geschlossen werden, denn die Stasi war nach dem Modell des sowjetischen Geheimdienstes organisiert worden.

Bei dem, von mir angenommenen geheimen Drehbuch zum Mauerfall, hätte das Drehbuchteam über die von ihm geführten ostdeutschen IM und OibE, einen unsichtbaren Zugriff auf Entscheidungen der DDR (SED-Politbüro und Zentralkomitee, Regierung einschließlich Stasi, Armee und Polizei, Medien sowie Kirchen und Bürgerrechtsgruppen) und Manipulation durch diese Agenten gehabt.

Immerhin waren in den KGB-Verbindungsstellen in der MfS-Zentrale und bei den Hauptverwaltungen der Bezirke etwa 150 KGB-Mitarbeiter tätig, von denen ab Frühjahr 1989 einige in die Drehbuchaktion einbezogen worden sein dürften und damit Angaben für den zielgerichteten Einsatz geeigneter DDR-Agenten für die Aktion Mauerfall geliefert haben. Die Tätigkeit der DDR-Agenten des KGB ist auch bis heute geheim, sie war von der Öffnung der Stasi-Archive (Gauck-Behörde) nicht betroffen.

Da es beim KGB keine Entpflichtung von der Schweigepflicht gab (in der DDR war sie letztlich durch die Öffnung der Stasi-Archive erfolgt), sind diese IM und OibE des KGB auch noch heute, nach Abschaltung, an die Schweigepflicht gebunden. (14)

Fazit

Damit wären aus meiner Sicht 90% des Erfolgs für die Verantwortlichen einer Aktion Mauerfall planbar gewesen, da sich der KGB auf eigene Leute in hohen und höchsten Funktionen in der DDR verlassen konnte (70% des Erfolgs). 20% des Erfolgs wären interne Abstimmungen des Drehbuchteams mit Führungskadern von KGB-Residentur, Westgruppe/ GRU und Botschaft gewesen und nur 10% hätte der Zufall bestimmt.

Ein überschaubares Risiko, das zum Handeln einlud, um *‚eine gefährliche Unlenkbarkeit der Ereignisse mit politischen Mitteln zu vermeiden'*. (15)

2. Welche Aufgabe hatte die Öffnung der Westgrenze Ungarns im Sommer 1989 in Vorbereitung des Mauerfalls?

Aus meiner Sicht gab es eine inszenierte, mediale Vorbereitung der Maueröffnung durch das Drehbuchteam, um einerseits den Druck im Innern der DDR zu erhöhen und andererseits die DDR-Führung in ihrer Handlungsunfähigkeit international vorzuführen. Ein weiterer Grund wird in Kapitel 10 erläutert.

Die Öffnung der Westgrenze Ungarns war sozusagen der Prolog, der 1. Akt hieß Mauerfall und dann folgte die Deutsche Einheit als 2. Akt. Der Epilog war schlussendlich die Aufgabe der osteuropäischen Länder durch die Sowjetunion. Die Aktion in Ungarn war auch eine Art Trockentraining für die DDR-Bürger. Es sollte ihnen die Angst vor dem Grenzübertritt genommen werden.

Februar 1989: MfS-Offizier Gerd Dreyer berichtete nach der Wende: *„Im Februar 1989 habe ich den Antrag gestellt, um im Sommer nach Ungarn fahren zu können. Da sagte mir mein Abteilungsleiter, dass daraus nichts wird. [...] Im Sommer wird es in Ungarn Probleme geben, von denen wir alle noch nichts ahnen. [...] Er meinte: Da werden aus Anlass des 40. Jahrestages gegen die DDR Maßnahmen stattfinden und dann kannst Du nicht nach Ungarn fahren. [...] Wir wussten aber, dass diese Maßnahmen nicht die BRD und nicht der BND organisiert hatten, sondern von anderer Seite vorbereitet waren. Diese Ausreisewelle war nicht eine spontane, sondern eine langfristig vorbereitete nachrichtendienstliche Aktion."* (16)

Der letzte DDR-Botschafter in Moskau, Gerd König, schrieb dazu in seinem Buch **Fiasko eines Bruderbundes**: *„Ungarn öffnete am 11. September 1989 für die DDR-Bürger die Grenze zu Österreich. Mit diesem Schritt wurde praktisch das Grenzregime der DDR gegenüber der BRD und Westberlin hinfällig."* Und weiter: *„Mein Eindruck war, dass die Sowjetunion über die Absprachen zwischen Ungarn und der BRD informiert war und diese nicht nur stillschweigend duldete, sondern sie auch billigte."* (17)

Betrachtet man die einzelnen Aktionen getrennt, vermutet man nicht, dass sie nachrichtendienstlich gesteuert waren. Sowjetische Akteure traten nicht sichtbar auf, sie agierten im Hintergrund.

1. Mai: Die Ungarn begannen mit dem Abbau der Sicherungsanlagen an der Grenze zu Österreich. **Link-17**

Die DDR-Regierung erfuhr zu ihrer großen Überraschung aus dem Fernsehen davon.

Otto von Habsburg (Sohn des letzten österreichischen Kaisers und Europa-Abgeordneter der CSU) unterbreitete wenige Wochen später den Regierungen Österreichs und Ungarns den Vorschlag, aus Anlass des Abbaus der Grenze im August 1989 ein Pan-Europa-Picknick auf der österreichischen Seite der Grenze bei Sopron durchzuführen. Dazu sollte die Grenze außerhalb eines Überganges geöffnet werden.

Der Terminvorschlag zum 19. August scheint aus heutiger Sicht von den Genossen aus Moskau gekommen zu sein, passte den Ungarn aber gut ins Konzept, denn der 20. August ist ungarischer Nationalfeiertag. Dazu mehr im Kapitel 10.

12. Juni: Ungarn trat der Genfer Flüchtlingskonvention bei.
Die Konsequenz: Damit konnte Ungarn keine Flüchtlinge mehr gegen ihren Willen abschieben, sobald sie Asyl beantragt hatten. Eine Auslieferung von an der Westgrenze gefassten DDR-Bürgern war nun nicht mehr möglich. Der Westen intensivierte nun in den Medien diese Information und zeigte DDR-Bürger, denen die Flucht nach Österreich geglückt war. Das ließ den Strom der Fluchtwilligen anschwellen.

19. August: Pan-Europa-Picknick bei Sopron auf der österreichischen Seite an der ungarischen Westgrenze auf einer Wiese.

Schon drei Tage vorher kursierten in Budapest Zettel mit der Ankündigung dieses Picknicks und der dann offenen Grenze, so dass sich viele Ostdeutsche auf den Weg machten. Aber auch internationale TV-Teams und Journalisten kamen. Die Aktion war medial sehr gut vorbereitet.

Diese kurzzeitige Öffnung der Grenze wurde im Westfernsehen ausführlich dokumentiert und damit auch bei den DDR-Bürgern die Angst vor einem Grenzübertritt abgebaut. Ungarische Grenzer waren angewiesen, DDR-Bürgern den Grenzübertritt ohne Papiere zu gestatten. Sie waren in der Mitte einer Gasse aufgestellt, alle mit dem Gesicht in eine Richtung. Während sie bei den Österreichern, welche die Grenze in Richtung Ungarn passieren konnten, sich den Ausweis zeigen ließen, waren sie angewiesen, sich nicht umzudrehen. So konnten sie nicht sehen, was hinter ihnen passierte und brauchten nicht zu handeln.

Hinter ihnen liefen mehrere hundert Personen, aus Ungarn kommend, nach Österreich und verabschiedeten sich so für immer aus dem deutschen Arbeiter- und Bauernparadies.

Das war eine eindeutige Verletzung des Sicherheitsabkommens mit Ostberlin. Die DDR-Regierung tobte, das Westfernsehen berichtete genüsslich und die Zahl der Reiseanträge von DDR-Bürgern nach Ungarn explodierte.

Das Abkommen wurde wenige Wochen später provisorisch ausgesetzt, damit erfolgte an die Stasi keine Übergabe mehr von gefassten Flüchtlingen und die ungarische Regierung erhielt eine Kapitalspritze aus Bonn.

25. August: Der ungarische Ministerpräsident und sein Außenminister flogen zu einem Geheimbesuch nach Bonn.

In einem absolut vertraulichen Gespräch sicherte der ungarische Ministerpräsident Kanzler Kohl die Grenzöffnung für DDR-Bürger zu. Die Hauptverwaltung Aufklärung des MfS erfuhr davon wenige Stunden später durch ihre Bonner Agenten. Aber auch Kohl brach sein Versprechen. Er rief Gorbatschow an und informierte über das Gespräch. (18)

31. August: Der ungarische Außenminister reiste nach Ostberlin. Aber die DDR-Führung bestand auf der Ausreise der DDR-Bürger nur über die DDR-Grenze in den Westen. Er informierte über die Fortgeltung der

provisorischen Aussetzung des Rückführungsabkommens für gefasste Flüchtlinge.

10. September 19.30 Uhr: Ungarn teilte mit, dass die Grenzen ab 11. September um Null Uhr für DDR-Bürger zur Ausreise nach Österreich unter Vorlage des Personalausweises geöffnet werden. Bundeskanzler Kohl hatte an diesem Tag die Vorabend-Pressekonferenz für den CDU-Parteitag zu bestreiten und diese Meldung war die beste PR für seine Politik.

Fazit

Mit der Öffnung der Westgrenze Ungarns wurde der DDR-Bevölkerung signalisiert, dass die Zeit der Mauer zu Ende geht. Fast jeder DDR-Bürger hatte dann Anfang November 1989 Bekannte, Nachbarn, Freunde, Familienangehörige, Kollegen oder Mitschüler, welche die DDR über Ungarn verlassen hatten. Damit wurde das Thema Ausreise breitenwirksam und erhöhte den Ausreisedruck weiter. In vielen Familien begann jetzt die Diskussion um die ständige Ausreise. Die DDR-Führung wurde weiter in die Defensive gedrängt.

Das Thema Ausreise erreichte jetzt auch die Familien, die keine Westverwandtschaft und privaten Westkontakte hatten und die im Machtapparat oder staatsnahen Bereichen (wie im Außenhandel) arbeiteten. In diesen Bereichen war es für eine Tätigkeit Voraussetzung, keine privaten Kontakte in den Westen zu haben. Hatte man enge Familienangehörige, die im Westen lebten oder „die DDR auf ungesetzliche Weise verlassen hatten", so gab es im Staatsapparat oder den staatsnahen Einrichtungen keine Karrieremöglichkeiten, auch wenn man den Kontakt abgebrochen hatte.

Das führte seit Mitte der achtziger Jahre zu immer größeren Problemen bei der Personalgewinnung, da einige Bürger ganz offen sagten, dass sie sich diesen Forderungen nicht unterwerfen werden, da ja bei der sinkenden Kaufkraft 200 DM monatliche Unterstützung von der West-Oma mehr Kaufkraft als das Gehalt vom Staat hätten.

Der Schwarzmarkt-Umrechnungskurs betrug damals 1 DM = 5–6 Ostmark, ein Nettogehalt eines Facharbeiters etwa 800–1.000 Ostmark. Da es spezielle Läden gab, wo in DM eingekauft werden konnte (Intershop), war das ein wichtiges Argument, das der Staat nicht entkräften konnte. Verdiente er doch kräftig an diesem Warenhandel in DM.

Im September 1989 erfolgten bei der NVA, der Stasi und im Innenministerium Reiserestriktionen für Privatreisen nach Ungarn und es fragten sich nun erstmals treue Genossen, wie das wohl enden werde. Austritte aus der SED in diesen Bereichen nahmen zu. Diese Ereignisse an der ungarischen Westgrenze im Sommer 1989 werden von der amtlichen Geschichtsschreibung als Vorbereitung des Mauerfalls durch die Bürger interpretiert.

3. Warum wurde der Mauerfall zum 9. November geplant?

Am 7. November beging man in der Sowjetunion den höchsten politischen Feiertag – in Erinnerung an die sozialistische Oktoberrevolution 1917. Auch der 8. November war arbeitsfrei, musste man sich doch von den zahllosen Toasts mit Wodka erholen. 1989 fiel der 7. November auf einen Dienstag und der 8. auf die Wochenmitte. Das ergab eine Woche mit drei Brückentagen und der „Betrieb" des Machtapparates der Sowjetunion war auf ein Minimum reduziert.

In der sowjetischen Botschaft in Ostberlin – so wie in allen UdSSR-Botschaften – wurde am Abend des 6.11. ein Empfang zu Ehren des Jahrestages gegeben.

Der 7. und 8. November fielen damit aufgrund der sowjetischen Feiertage als Tag der Maueröffnung aus.

Die in der DDR stationierten sowjetischen Soldaten (etwa 340.000) wurden aufgrund des Feiertages vom 6. November bis 13. November kaserniert. Das wurde bei Feiertagen traditionell so gehandhabt. In der Sowjetunion verhinderte das Vergewaltigungen und betrunkene Soldaten am Straßenrand. Ein Mauerfall zu einer anderen Zeit, also ohne Feiertagsregelung der sowjetischen Armee hätte bedeutet, dass sowjetische Soldaten sich zu Übungen oder im kollektiven Freizeitausgang außerhalb der Kasernen aufgehalten hätten. Das hätte aber zum Problem für die geplante, friedliche Maueröffnung werden können. Jährlich versuchten etwa 300–450 Soldaten der Westgruppe zu desertieren – was sehr selten gelang und in der Regel mit dem Tod des Soldaten endete. Die Deserteure wollten überwiegend in ihre Heimat zurück, einige aber auch in den Westen.

1978 kam es in Ostberlin an der Kreuzung Unter den Linden/Friedrichstraße gegen Mittag zu einem spektakulären Zwischenfall, als sich ein sowjetischer Soldat aus einem Transporter heraus mit seiner Kalaschnikow ein Feuergefecht mit der Polizei lieferte. Bis zum Übergang Checkpoint Charlie waren es noch 900 m. Ein Diplomat der Ständigen Vertretung der Bundesrepublik, der im Auto vorbeifuhr, wurde dabei verletzt.

Die geplante friedliche Maueröffnung hätte durch bewaffnete Deserteure der Westgruppe der sowjetischen Streitkräfte und die Jagd nach ihnen erheblich gestört werden können. Es kann auch vermutet werden, dass bei einer Maueröffnung außerhalb der Zeit der Feiertagsregelung die Anzahl der Deserteure stark angestiegen wäre. In einem Umkreis von etwa 150 Kilometern um Berlin war etwa die Hälfte der sowjetischen Soldaten in der DDR stationiert. In der Regel setzten sich die Deserteure mit ihrer Maschinenpistole und bis zu 120 Schuss Munition ab, es gab aber auch Einzelfälle, wo PKW, LKW oder Schützenpanzerwagen zur Flucht entwendet wurden und Maschinengewehre und Handgranaten zum Einsatz kamen. Nach der Entdeckung der Fahnenflucht wurde eine großangelegte Fahndung eingeleitet, in die auch die Volkspolizei und die Grenztruppen der DDR einbezogen waren. So war der 9. November der erste Tag nach den sowjetischen Feiertagen und bei Maueröffnung an diesem Tag waren die Soldaten noch weitere vier Tage kaserniert.

Der 9. November war im sowjetischen Staatsapparat internen Beratungen vorbehalten, wo keine Anfragen von außen beantwortet wurden. Deshalb wurden Telefonate aus Ostberlin zur Abstimmung beim Reisegesetz nicht durchgestellt. Zusätzlich wurden 250 DDR-Entscheidungsträger durch die Verlängerung der ZK-Tagung ab 18:00 Uhr von der Außenwelt abgeschnitten, sodass dieser Tag optimal zur Ausführung des Mauerfalls nach Moskauer Drehbuch geeignet war.

Fazit

Die handelnden Personen in Moskau und in der DDR (Botschaft, Westgruppe), die nicht zum Drehbuchteam gehörten, waren zwischen Montag, den 6.11. und Montag, den 13.11.1989 in ihrer Entscheidungsfähigkeit stark eingeschränkt und konnten nur langsam reagieren. Probleme mit bewaffneten sowjetischen Deserteuren waren nicht zu erwarten.

Die Gleichzeitigkeit von Kasernierung der etwa 340.000 Soldaten der Westgruppe, internem Arbeitstag der sowjetischen Politik, gezielter Verlängerung der ZK-Sitzung, Pressekonferenz und Mauerfall am 9. November wird von der amtlichen Geschichtsschreibung als Zufall gewertet.

4. Warum musste die Pressekonferenz am Abend stattfinden?

Die ZK-Tagung sollte planmäßig um 18.00 Uhr beendet werden. Schabowski hatte die Tagung vorzeitig gegen 17.15 Uhr verlassen und war ins Pressezentrum gefahren, um über die Ergebnisse zu berichten.

Warum war während der ZK-Sitzung am 1. und 2. Tag eine Pressekonferenz am Abend angesetzt und nicht zum Ende der ZK-Sitzung am Freitag, wenn alle Ergebnisse vorgelegen hätten? Zumal bekannt gewesen sein dürfte, dass bei der Reiseregelung ein hoher Diskussionsbedarf bestand, das Ergebnis also nicht gleich vorliegen konnte.

Geschah diese Festlegung nur, weil man Aktualität demonstrieren wollte? Gab es noch einen anderen Grund?

Die Antwort kannte nur Günter Schabowski. Er war der Verantwortliche für die Durchführung der Pressekonferenz und die Festlegung der Zeit, wann sie stattfand. Wir können ihn nicht mehr befragen, er starb 2015.

Es war schon eine interessante Entscheidung: Ein Politbüromitglied verkündete eine Reiseregelung, darauf verweisend, dass sie kein Politbüro-Papier sei, sondern vom Ministerrat stamme. Sie war aber noch nicht durch die Ministerien abgestimmt und durch den Ministerrat beschlossen (die ZK-Sitzung konnte Parteibeschlüsse fassen, aber keine staatlichen Regelungen erlassen). Was Schabowski als Politbüromitglied vortrug, war also nicht rechtswirksam und auch am nächsten Tag und zu Beginn der neuen Woche hätte es keine Ausreise-Stempel gegeben, da noch keine gesetzliche Regelung einschließlich der Durchführungsbestimmungen vorlag. **Link-04**

Schabowski riskierte damit, dass die Unzufriedenheit am nächsten Tag aufgrund der lautstark angekündigten, aber noch nicht möglichen Reiseerlaubnisse hohe Wellen schlagen würde.

Die Verkündung war, trotz Sperrfrist und noch nicht erfolgter Abstimmung zwischen den Ministerien, aber unter ausdrücklichem Hinweis auf einen Ministerratsbeschluss, ein Hasard-Spiel. Schabowski war offenbar gezwungen so zu handeln.

Warum? Nur wenn er an diesem Abend durch die Meldung zur Reiseregelung, die er sich für den Höhepunkt am Ende der Pressekonferenz gegen 19.00 Uhr aufgespart hatte und wo der Journalist aus Italien dann unverfänglich das Stichwort gab, die Massen mit dem falschen Hinweis „ab sofort" in Richtung Grenze lenkte, konnte die Mauer wie im Drehbuch festgelegt, fallen.

Es war Abend, dunkel, Geschäfte geschlossen, Straßen leer, die Menschen in Kneipen, Restaurants, beim Sport, zu Hause vor dem Fernseher oder schon im Bett.

Zur Unterstützung hatte Schabowski als Politbüro-Mitglied noch drei ZK-Mitglieder mitgebracht, die neben ihm auf dem Podium saßen und schwiegen. Sie waren offenbar zur (optischen) Legitimierung seiner Aussagen da. Auch als er die falsche Angabe: „Ab sofort" machte, gab es von ihnen keinen hörbaren Einspruch. Trauten sie sich nicht, lautstark einen Einwand zu erheben – oder gehörten sie zum Drehbuchteam?

Aus meiner Sicht wurden so mögliche Zweifel von Leuten, die skeptisch seinen Ausführungen gefolgt waren, unterdrückt, da es auch von diesen Beisitzern keinen Widerspruch gab.

Die sichtbare Nervosität und Unkonzentriertheit Schabowskis in diesen Minuten wird seither von Journalisten als Unprofessionalität, Übermüdung, Verwirrtheit etc. bewertet. Dabei war Schabowski viele Jahre Chefredakteur des Neuen Deutschlands gewesen, also Medienprofi.

Ich würde es als geplante Showeinlage interpretieren, um mit der erwartbaren Diskussion über seine Tagesform von der Tragweite seines Hinweises: „Ab sofort" abzulenken. Beim Wissen um Bedeutung und Konsequenz seiner Worte, wäre es verständlich gewesen aufgeregt zu sein. Wenn diese Aktion schief gegangen wäre, hätte es ihn den Kopf kosten können.

So scheint seine Aufgeregtheit auch eine andere als die gängige Interpretation zuzulassen.

Einerseits war ihm die Tragweite seiner Aussage bewusst, andererseits konnte er so seine wahren Absichten verschleiern und den friedlichen Mauerfall einleiten.

Seine Aussage war eindeutig falsch. Die sofortige Ausreise betraf nur die-für-immer-ausreisenden Bürger, nicht die privat reisenden Bürger, die zurückkehren wollten. Diese mussten sich erst eine Genehmigung einholen. Diese Klippe musste umschifft werden.

Nur durch Schabowskis verbale Täuschung („sofort, unverzüglich") wurde der Ansturm auf die Grenze provoziert und der Mauerfall an diesem Abend schlagartig in Gang gesetzt. Die Ost- und Westmedienvertreter auf der Pressekonferenz waren der ideale Verstärker dieser Aussage.

Um die Tragweite dieser Worte Schabowskis zu verstehen, muss man noch Folgendes wissen:

- Zum 40. Jahrestag der Volksrepublik China am 1. Oktober 1989 war Egon Krenz – damals noch Sekretär für Sicherheitsfragen im SED-Politbüro – zur Gratulation in Peking. Er bescheinigte den chinesischen Genossen seine Solidarität bei der Niederschlagung der Unruhen in Peking im Juni 1989. Das Neue Deutschland berichtete ausführlich darüber.
- Als neugewählter SED-Generalsekretär war Krenz am 1. November 1989 zum Antrittsbesuch in Moskau. Er informierte Gorbatschow über die angespannte innenpolitische Lage und deutete an, dass bei Verschlechterung der Lage notstandsähnliche Maßnahmen zu erwarten seien. Das betraf nach allgemeinem Verständnis den Einsatz von Schusswaffen und die massenweise Inhaftierung unliebsamer Personen. Wie ausgewertete Stasi-Unterlagen zeigen, waren Internierungslager und Kandidatenlisten schon in Vorbereitung.

Gorbatschow hatte offenbar Krenz bei der Rückreise nach Berlin eine dringende Hausaufgabe mitgegeben.

Krenz – in seiner Funktion als Vorsitzender des Nationalen Verteidigungsrates – musste dann nach Rückkehr aus Moskau am 3. November den Schusswaffeneinsatz der Polizei bei Aufruhr und Zusammenrottung per Befehl 11/89 untersagen. `Link-18`

Denn nichts konnte die UdSSR bei der *„Vermeidung der gefährlichen Unlenkbarkeit der Ereignisse mit politischen Mitteln"* weniger gebrauchen als einen Polizeieinsatz nach Pekinger Art.

Interessant ist auch das Interview von Egon Krenz zu seiner Sicht der Pressekonferenz, wo erhebliche Zweifel mitschwingen (Stichwort: Zeitzeugen-Portal Mauerfall, Egon Krenz) Link-18

Schabowski hatte nach Krenz' Meinung nie erklärt, wie es zu seinen Äußerungen kam. Aber da war es schon zu spät für ein Verhör gewesen, die DDR befand sich in Auflösung – oder jemand hielt die Hand schützend über Schabowski.

Es ist eine übliche Praxis – auch im privaten zwischenmenschlichen Verkehr – die Diskussion ungeliebter inhaltlicher Fragen zu verhindern, indem man sich der Form der Rede widmet und sie kritisiert. So provoziert man auch die Antwort zur Form und nicht zum Inhalt. Motto: Schrei mich nicht so an! – Wer schreit denn hier? Man spricht über die Tagesform Schabowskis und hinterfragt nicht den Inhalt der Ausführungen.

Es könnte also geplant gewesen sein, dass er etwas unprofessionell und unbekümmert auftrat, dadurch konnte die Story von der Selbstauflösung wegen unklarer Entscheidungen und Chaos glaubhafter transportiert werden.

Motto: Haben Sie nicht gehört, wie er gestammelt hat und gesehen, wie er verzweifelt in seinen Papieren suchte? Der hatte keinen Durchblick.

Die amtliche deutsche Erzählung zum Mauerfall ging bis etwa 2009 überwiegend vom Chaos und der Selbstauflösung aus, erst danach wurde daraus (die ausschließliche) Erzählung von der Friedlichen Revolution.

Fazit

Hätte Schabowski zum Ende der ZK-Sitzung am nächsten Mittag die Pressekonferenz abgehalten, hätte er die Menschen zu den Meldestellen bzw. Einwohnerämtern laufen lassen. Er hätte verkünden müssen, dass dort die Reiseerlaubnis erteilt wird.

Ein langwieriger Prozess hätte begonnen, in dem die DDR langsam „ausgeblutet" wäre und mit der latenten Möglichkeit, dass es zu Unruhen kommt. Der Regierende Bürgermeister Momper hatte im Februar 1990 Botschafter Kotschemassow warnend geschildert, dass die Westgruppe der Sowjetarmee ihre Versorgungslinien militärisch schützen müsse, wenn es zu Unruhen in der DDR kommen würde. Link-15

All das erklärt, warum die Pressekonferenz am Abend und zu dieser Zeit stattfinden musste und Schabowski als Politbüromitglied eine Regelung des Ministerrats verlas, die noch nicht in Kraft getreten war. Schließlich brauchte man auch keine Reiseregelung mehr, wenn die Aktion Mauerfall wie geplant ablaufen würde. Für den Ernstfall, dass doch noch die sowjetischen Streitkräfte hätten eingreifen müssen, war die Zeit nach 20.00 Uhr optimal. So konnten sie schnell an Ort und Stelle sein. Der Kommandierende der Westgruppe der sowjetischen Streitkräfte sagte vermutlich aus diesem Grund beim Empfang in der sowjetischen Botschaft am 6. November zu SED-Generalsekretär Krenz sibyllinisch: *„Die Westgruppe der sowjetischen Streitkräfte wird unter allen Bedingungen ihre internationalistischen Aufgaben in der DDR erfüllen."* (19)

Die sich teilweise widersprechenden Ereignisse der Pressekonferenz im Zusammenhang mit dem Mauerfall vom 9. November werden von der amtlichen Geschichtsschreibung als Zufall gewertet. Schabowski wurde als leicht überfordert dargestellt, die Führung war ihm entglitten. Aus Sicht der amtlichen Geschichtsschreibung gab es einen ungeplanten, kausalen Zusammenhang zum Mauerfall – den „Irrtum" Schabowskis bei der Pressekonferenz.

5. Warum durfte die ZK-Sitzung am 9. November nicht wie geplant gegen 18 Uhr zu Ende gehen?

Diese Verlängerung der ZK-Sitzung war zum Gelingen der Aktion Mauerfall absolut notwendig, da an der Sitzung, an welcher bis zu 221 Mitglieder und 57 Kandidaten des Zentralkomitees teilnahmen, sich auch viele Führungskader von Staatssicherheit, Polizei und Armee befanden. Diese hätten noch Gegenmaßnahmen einleiten können, wenn sie bei der im Fernsehen übertragenen Pressekonferenz gegen 19.00 Uhr bzw. um 19.30 Uhr in den Nachrichten der Aktuellen Kamera gehört hätten, was Schabowski gesagt hatte und in welchem Widerspruch es zu ihrem ZK-Beschluss zur Reiseordnung stand.

Hatten vom Drehbuchteam verpflichtete inoffizielle Mitarbeiter des KGB (ZK-Mitglieder oder Kandidaten) dafür gesorgt, dass die ZK-Tagung bis kurz nach 20.30 Uhr andauerte, also über 2,5 Stunden länger als geplant? Das KGB-Drehbuchteam und seine ostdeutschen Agenten hätten damit in den entscheidenden Stunden ab 18.00 Uhr (mit Beginn der Pressekonferenz) bis etwa 22.30 Uhr die Handlungsmacht über die Medien und das Grenzregime der DDR übernommen. In dieser Zeit wurde der Mauerfall entschieden und hätte später nur noch mit Waffengewalt zurückgedreht werden können. Die Tagungsteilnehmer waren ab 20.45 Uhr auf der Heimreise und damit weiterhin etwa eine Stunde nicht erreichbar.

Mit Schabowskis Irrtum (so auch ein Buchtitel) brauchte es mindestens 30 Minuten, bis die internationalen Presseagenturen, aber auch Aktuelle Kamera und Tagesschau darüber berichteten und eine weitere Stunde, bis der Marsch auf die Grenzübergangsstellen begann.

Die ZK-Sitzung durfte aber auch nicht nach 22.00 Uhr andauern, da dann, als die Lage an den Grenzübergangsstellen kulminierte, alle ZK-Mitglieder und Kandidaten über die Telefonleitung das ZK erreichbar gewesen wären. Auch das hätte einen Mauerfall nach Plan gefährdet, da man sofort eine Sondersitzung des ZK hätte einberufen können.

So aber verließen die Sitzungsteilnehmer zwischen 20.40 Uhr und 21.00 Uhr das Haus des Zentralkomitees und fuhren in das Gästehaus des ZK, nach Hause oder in ihr Ministerium. Schabowski war gegen 19.30 Uhr nach Wandlitz gefahren, wofür er damals, in einem Fahrzeug mit Eskorte, knapp eine Stunde benötigt haben dürfte.

Alle Politbüromitglieder und Regierungsmitglieder ab einer bestimmten Ebene hatten auch zu Hause einen abhörsicheren Telefonanschluss. Aber viele Sitzungsteilnehmer kamen erst nach 22.00 Uhr zu Hause an, viele auswärtige Teilnehmer übernachteten im ZK-Gästehaus, waren also nicht in der Lage, diese abhörsichere Leitung zu nutzen.

Einige Teilnehmer der ZK-Sitzung wurden gegen 22.00 Uhr auf die Lage an den Grenzübergangsstellen aufmerksam. Aber es gab keine Reaktion seitens der ZK-Mitglieder bis zum Morgen des 10. November. Ein Grund war, dass die ZK-Sitzung am nächsten Tag weiterging und sich diejenigen, die das Chaos bemerkten, damit trösteten, dass sicher eine Antwort darauf gegeben wird.

In der DDR gab es damals einen Spruch, wenn man eine Entscheidung von Partei oder Regierung nicht verstand und trotzdem danach handeln musste: *Die Genossen werden sich sicher etwas dabei gedacht haben.*

Fazit

Zwei Aussagen demonstrieren anschaulich die Auswirkungen der Tagungsverlängerung bis kurz nach 20.30 Uhr:

1. Verteidigungsministerium der DDR in Strausberg bei Berlin (Heinz Keßler war Verteidigungsminister)

„In der Annahme, die ZK-Tagung werde wie üblich um 18.00 Uhr beendet, hatte Keßler die Kollegiumssitzung von Melzer für 19.00 Uhr anberaumen lassen. Doch planwidrig tagte das Zentralkomitee bis 20.45 Uhr, und erst danach brachen die Militärs in ihr Ministerium vor den Toren Berlins auf. Als sie dort ab 21.30 nacheinander eintrafen – Keßler, Brünner und Streletz kamen noch eine Viertelstunde später als die anderen –, warteten die Nicht-ZK-Mitglieder bereits seit 3 Stunden vor dem Tagungsraum auf die Rückkehr der ZK-Mitglieder. Aus diesem Grund hatte kein Mitglied des Führungsgremiums der NVA die Pressekonferenz Schabowskis verfolgen können." **Die Chronik des Mauerfalls** (20) Erst gegen 23.00 Uhr erreichte die Meldung, dass etwas an der Grenze passiert sei, diese Runde. Viele Telefonate – auch mit dem MfS – folgten und trotzdem gab es keine klaren Erkenntnisse und demzufolge keine Weisungen.

Die Führung von NVA und Grenztruppen war in diesen entscheidenden Stunden paralysiert.

Die Kommandanten der Grenzübergangstellen (GÜST) unterstanden den Grenztruppen und damit dem Ministerium für Nationale Verteidigung. Die in den GÜST tätigen Passkontrolleinheiten unterstanden dem Ministerium für Staatssicherheit. Ihr Chef war stellvertretender Kommandant.

Auch im MfS war die Führung paralysiert und es gab, außer der Anweisung zum Stempeln der Passbilder als Erkennungszeichen für jene, die für immer ausreisten (und nicht wieder reingelassen werden sollten), keine Befehle an die Leiter der Passkontrolleinheiten.

Wir erinnern uns: Der KGB hatte in der MfS-Zentrale eine ständige Repräsentanz von 20–25 Mitarbeitern!

Vor der GÜST Bornholmer Straße warteten bereits gegen 22.00 Uhr über 4.000 Menschen auf die von Schabowski angekündigte Grenzöffnung. Die Anzahl der Wartenden vergrößerte sich ständig und der

Kommandant konnte keinen Befehlshabenden erreichen, der in der Lage war, einen Befehl zu erteilen.

Da sie Angst hatten totgetrampelt zu werden, zwang der fehlende Befehl den Kommandanten und seinen Stellvertreter im Grenzübergang Bornholmer Straße kurz vor 23.30 Uhr zu einer eigenständigen Entscheidung: Grenzöffnung!

Andere Kommandanten folgten kurze Zeit später dieser Entscheidung.

Das Drehbuchteam des KGB hatte mit seinen DDR-Agenten das Drehbuch erfolgreich umgesetzt. Bis jetzt wollte niemand sagen, wie der Mauerfall im Hintergrund realisiert wurde.

2. Am 16. Mai 2019 gab Hans Modrow (der letzte kommunistische Ministerpräsident vor den Volkskammerwahlen 1990) der Märkischen Oderzeitung ein Interview unter dem Titel: *„Gorbatschow hat die DDR preisgegeben"* Darin kam er auch auf die Pressekonferenz und die verlängerte ZK-Tagung zu sprechen und auch bei ihm schwingen leise Zweifel mit, als er diese Frage des Journalisten beantwortet: *„Schabowskis maueröffnende Bemerkungen bei der Pressekonferenz waren also reiner Zufall?"*
„Das weiß ich nicht. Vielleicht hat er auch die Sensation gesucht. Was Egon Krenz ihm mit auf den Weg gegeben hat, weiß ich nicht [...]"
„Und was war nach der Pressekonferenz?"
„Wir haben bis 21.30 Uhr weiter getagt, ohne zu wissen, was draußen vor sich geht. Der Innenminister, MfS-Chef Mielke und der Verteidigungsminister – alle waren bei dieser ZK-Tagung. Danach sind wir nach Hause gegangen. Wir wissen heute, dass bei der militärischen Führung erst gegen 23.00 Uhr das Bewusstsein halbwegs da war, was eigentlich gerade passierte." Link-19

Wir erinnern uns: Am Grenzübergang Bornholmer Straße war um 24 Uhr der Schlagbaum schon über eine halbe Stunde geöffnet, andere Übergangsstellen hatten nachgezogen.

Wie Genosse Modrow mitteilt, erfuhr die militärische Führung der DDR davon, als alles gelaufen war. Die Genossen vom Drehbuchteam dürften zu diesem Zeitpunkt schon Vollzug nach Moskau gemeldet haben und wie wir im Kapitel 9 sehen werden, konnte deshalb der Gesandte der UdSSR-Botschaft um 23.45 Uhr ganz entspannt auf die Fragen der Journalisten antworten.

Heute hätten Sitzungsteilnehmer sicherlich ihr Smartphone dabeigehabt und es bei den ermüdenden Reden genutzt, um Nachrichten zu lesen oder zu spielen. Aber 1989 – Mobiltelefone kamen erst kurze Zeit später und Smartphones nach 20 Jahren auf den Markt – war es den Planern des Mauerfalls noch möglich, die wichtigsten Entscheidungsträger der DDR an einem Abend 2,5 entscheidende Stunden von der Außenwelt abzuschotten.

Wurden sie wie auf einer Isolierstation festgehalten, ohne dass sie es selbst bemerkten?

Auch konnten die Angestellten im Haus des ZK nicht in die Sitzung hereinplatzen und die Hiobsbotschaft weiterverbreiten – sie waren nach 18.00 Uhr schon im Feierabend. Das Wachpersonal hatte vermutlich von den Neuigkeiten erfahren, aber in der Dienstanweisung war sicherlich vorgesehen, jede Störung einer ZK-Sitzung zu unterbinden.

Man brauchte für die Tagungsverlängerung nur einen Grund, den alle akzeptierten. Eine ausführliche Diskussion der geschilderten katastrophalen Wirtschaftslage und daraus zu ziehende Schlussfolgerungen – das war für alle verständlich und man diskutierte mit Hingabe noch weitere 2,5 Stunden.

Fazit

Die Gleichzeitigkeit von verlängerter ZK-Sitzung und daraus folgender Neutralisierung der wichtigsten DDR-Entscheidungsträger im Zusammenhang mit dem Mauerfall vom 9. November wird von der amtlichen Geschichtsschreibung als Zufall bewertet.

Aus ihrer Sicht gab es keinen kausalen Zusammenhang und das schloss jeden Gedanken an die Existenz eines Plans aus.

6. Wer war der Stichwortgeber und was stand auf dem Sprechzettel Schabowskis?

Am 16. April 2009 – im 20. Jahr des Mauerfalls – sagte der italienische Journalist Riccardo Ehrman in einem Interview des MDR, dass er als Stichwortgeber seine Frage zu diesem Zeitpunkt und auf Wunsch einer wichtigen Person gestellt habe. Ehrman gab den Namen des Gesprächspartners nicht preis, aber es schien, als sei dies der 2006 verstorbene Chef der Nachrichtenagentur ADN, das ZK-Mitglied Günter Pötschke gewesen.

Die Times überschrieb dazu am 19.04.2009 den Artikel, sich auf ein Interview Ehrmans berufend: Berlin Wall: **Was the Fall Engineered by the GDR?** [Hat die DDR den Fall der Mauer manipuliert?] Link-20

Schabowski dementierte wortstark, dass es eine Absprache gegeben habe. Der STERN berichtete am 17.04.2009 darüber.

Interessant ist, dass Ehrman später seine Aussage zurücknahm, dass er die Frage im Auftrag stellte. Er habe sich wichtig machen wollen, so seine Antwort. Zum Zeitpunkt, als er das Interview gab, war er 79 Jahre alt – hat man es da noch nötig sich wichtig zu machen? Link-21

Auch das ist für mich ein weiteres Indiz, dass der Mauerfall nach geheimem Drehbuch verlief. Ich neige dazu, Ehrmans Rolle als Stichwortgeber zu glauben. Er erhielt 2008 für seine Fragestellung das Bundesverdienstkreuz am Bande.

Der Tagesspiegel berichtete am 16.04.2015, dass der Zettel, auf dem Schabowski seinen „Fahrplan" notiert hatte, vom Haus der Geschichte Bonn erworben wurde. Die Kopie des Zettels wurde veröffentlicht. Link-22

Der Zettel war ein persönliches Dokument des Politbüro-Mitglieds Schabowski, da er ihn aber in der Öffentlichkeit vor Fernsehkameras und Fotografen nutzte, konnten nur für die Öffentlichkeit geeignete Bemerkungen darauf stehen.

Was nicht für die Öffentlichkeit gedacht war, musste so abgefasst werden, dass es keine Geheimnisse preisgab, ihn aber erinnerte. Schabowski kannte in seinen Funktionen diese Spielregeln des Geheimnisschutzes genau. Der Zettel gibt nach meiner Interpretation Hinweise auf die Existenz des geheimen Drehbuchs.

1. Ein starkes Indiz für ein Drehbuch: Schabowski schrieb eine Erinnerung für sich und hob den Satz durch zwei Striche hervor – oberhalb und unterhalb. Blickt man auf das Dokument, fällt dieser Eintrag sofort ins Auge *„Frage – ANTWORT (ZK-Mitgl.) nicht verg.".* Im Singular oder Plural? Es ging aus meiner Sicht nicht um die drei ZK-Mitglieder, die neben ihm saßen. „Frage – Antwort (ZK-Mitgl.)" war der Hinweis, dass die Frage, die Ehrman stellen würde, zum Schluss der Pressekonferenz von ihm beantwortet werden würde. Bis dahin – 50 Minuten – nur allgemeine Politprosa. Das Spannendste wurde – gut inszeniert – zum Schluss gebracht, wie zufällig als Antwort auf die Frage des Stichwortgebers (und seines Hintermanns, ZK-Mitglied Pötschke).

2. Unterhalb dieser Hervorhebung notiert Schabowski: *ZEIT! Kurz vor Schluss, Ende der Debatte!* Damit sind keine weiteren Äußerungen von ihm zu erwarten. Er notiert, dass die Reiseregelung kein Politbüro-Papier (PB-Papier) sei, sondern ein Beschluss des Ministerrates (MiRa). *Zustimmung MiRa!!* Aber warum informierte er darüber und nicht der Regierungssprecher, nachdem die Regelung Gesetz geworden war? Weil er nur so, an diesem Tag, den Sturm auf die Grenze in Gang setzen konnte?

3. Er notiert: *Verlesen Text Reiseregelung – Extra* (es galt die Sperrfrist bis 4.00 Uhr des 10. November, was er nicht notiert hatte).

4. Schabowski hatte oben rechts auf dem Zettel *„nicht länger als 19.00"* notiert und im unteren Teil seiner Aufzeichnungen dick unterstrichen: ZEIT. Geschah das wegen des Termindrucks zur Berichterstattung in der Aktuellen Kamera, wie die Medien vermuteten? Oder geschah es, weil danach das Exklusiv-Interview mit Tom Brokaw terminiert war? Oder weil das Drehbuch nur so funktionierte, wie ich vermute? Er musste das Zeitfenster einhalten, welches die Verlängerung der ZK-Sitzung geboten hatte.

5. Warum war die wichtigste Information, das Inkrafttreten der Reiseregelung für Bürger, die wieder zurückkehren wollten, nicht vermerkt? Weil er die, dem italienischen Journalisten später gegebene falsche Information (sofort, unverzüglich), aus Sicherheitsgründen nicht schriftlich fassen wollte?

Ministerrat   VVS b2-937/89
                                    2

                   B e s c h l u ß v o r s c h l a g

Zur Veränderung der Situation der ständigen Ausreise von
DDR-Bürgern nach der BRD über die CSSR wird festgelegt:

1. Die Verordnung vom 30. November 1988 über Reisen von
   Bürgern der DDR in das Ausland (GBl. I Nr. 25 S. 271)
   findet bis zur Inkraftsetzung des neuen Reisegesetzes
   keine Anwendung mehr.

2. Ab sofort treten folgende ~~zeitweilige Übergangs~~Regelungen
   für Reisen und ständige Ausreisen aus der DDR in das
   Ausland in Kraft:

   a) Privatreisen nach dem Ausland können ohne Vorliegen von Vo-
      aussetzungen (Reiseanlässe und Verwandtschaftsverhältnisse)
      beantragt werden. Die Genehmigungen werden kurzfristig er-
      teilt. Versagungsgründe werden nur in besonderen Ausnahme-
      fällen angewandt.

   b) Die zuständigen Abteilungen Paß- und Meldewesen der VPKA
      in der DDR sind angewiesen, Visa zur ständigen Ausreise
      unverzüglich zu erteilen, ohne daß dafür noch geltende Vor-
      aussetzungen für eine ständige Ausreise vorliegen müssen.
      Die Antragstellung auf ständige Ausreise ist wie bisher auch
      bei den Abteilungen Innere Angelegenheiten möglich.

   c) Ständige Ausreisen können über alle Grenzübergangsstellen
      der DDR zur BRD bzw. zu Berlin (West) erfolgen.

   d) Damit entfällt die vorübergehend ermöglichte Erteilung von
      entsprechenden Genehmigungen in Auslandsvertretungen der
      DDR bzw. die ständige Ausreise mit dem Personalausweis der
      DDR über Drittstaaten.

                          VVS b2-937/89
                                3

Über die ~~zeitweiligen Übergangs~~Regelungen ist die
beigefügte Pressemitteilung am 10. November 1989
zu veröffentlichen.

Verantwortlich: Regierungssprecher beim Ministerrat
                der DDR

Die Ministerrratsvorlage zur Reiseregelung, die Krenz während der ZK-Sitzung an Schabowski zur Veröffentlichung auf der Pressekonferenz übergeben hat.

Schabowskis „Fahrplan" für die Pressekonferenz:
Die Bekanntgabe der neuen Reiseregelung sollte ganz am Schluß erfolgen.
Mit freundlicher Genehmigung der Eigentümerin des Sprechzettels von G. Schabowski, dem
Haus der Geschichte Bonn.

Fazit

In der gesamten Drehbuchaktion war dieser Teil der schwierigste. Musste er doch vor laufender Kamera absolviert werden und glaubwürdig sein. Man konnte das Video ja beliebig wiederholen und analysieren.

Es musste ungeplant erscheinen, dass die Menschen zu den Grenzübergängen liefen. Schabowski konnte nicht sagen: Gehen Sie zum Grenzübergang. Deshalb ein unverdächtiger, verdeckter Stichwortgeber aus einem NATO-Land und dann „verwechselte" Schabowski die Regelung zur ständigen Ausreise, die sofort in Kraft trat, mit privaten Reisen, die erst beantragt werden mussten, was aber nicht am gleichen Tag möglich war.

Der Tagesspiegel – wie alle anderen Medien sich offenbar auf eine DPA-Meldung beziehend – schob noch diese Deutung nach, Schabowskis „Versprecher" erklärend:

„Die Reisen in den Westen sollten vielleicht vor Weihnachten beginnen, aber ganz bestimmt nicht noch in derselben Nacht. All das war Schabowski jedoch entgangen, weil er bei der Besprechung gar nicht dabei gewesen war." Link-22

Mit seinem Hinweis „ab sofort" lenkte er mit seiner Autorität als Politbüro-Mitglied und optischer Unterstützung von drei ZK-Mitgliedern die Ostberliner zu den Grenzübergängen. DDR-Bürger waren erzogen nicht an den Worten der Partei zu zweifeln.

Die Aussage Schabowskis im Zusammenhang mit der etwa 4 Stunden später beginnenden Grenzöffnung, wird von der amtlichen Geschichtsschreibung als kausaler Zusammenhang gewertet. Aus Sicht der amtlichen Geschichtsschreibung leitete diese Aussage die Grenzöffnung ein als Ergebnis eines Irrtums.

7. Warum schossen die Grenzer nicht?
Warum stempelten sie die Fotos im Personalausweis?

Philip Zelikow und Condoleezza Rice (die spätere US-Außenministerin) waren zum Zeitpunkt der Maueröffnung Mitglieder des Nationalen Sicherheitsrates der USA. In ihrem Buch **Sternstunden der Diplomatie**

– Die deutsche Einheit und das Ende der Spaltung Europas – beschrieben sie auf fast 500 Seiten die Zeit von Maueröffnung bis zur deutschen Einheit.

Das Buch erschien 1995, als schon die wichtigsten geheimen DDR-Dokumente in der Stasi-Unterlagen-Behörde vorlagen und wurde 2001 noch einmal unverändert aufgelegt. Im Vorwort zur 2. Auflage wurde erwähnt, dass es auch neue Erkenntnisse gibt. Diese wurden aber nicht eingearbeitet. Auf Seite 149 erfolgt diese Darstellung des Mauerfalls:

„Als die Grenzwachen sich immer dringlicher vor die Wahl gestellt sahen, die Schlagbäume zu öffnen oder in die Menge zu schießen, gaben die kommandierenden Offiziere vor Ort schließlich den Weg frei. [...] Die Wahrheit ist, dass die Öffnung der Berliner Mauer ein Irrtum war. Durch eine der phantastischsten administrativen Fehlleistungen in der langen, wechselvollen Historie der staatlichen Bürokratie, hatte die ostdeutsche Führung die schwerwiegendste Entscheidung ihrer gesamten Geschichte den Menschen auf der Straße überlassen." (21)

Da das Buch eine Darstellung der siegreichen amerikanischen Diplomatie ist, werden alle Fragen mit Graubereichen bzw. alles ausgeklammert, was nicht in die Linie passt.

Auch der ehemalige Sicherheitsberater Kanzler Kohls, Horst Teltschik, erzählt diese Geschichte:

„Die Maueröffnung war ein Versehen? Natürlich, und es war ein unglaublicher Glücksfall, dass von den Grenzpolizisten der DDR keiner zur Waffe gegriffen hat, als sich die Bürger vor der Mauer stauten, um in den Westen rüberzugehen. Was wäre denn gewesen, wenn einer von denen aus Angst geschossen hätte? Es hätte ein Blutbad oder einen Bürgerkrieg geben können. Wir haben in der Nacht unfassbares Glück gehabt." Link-23

Vermutlich gab es außer Schabowski und den drei ZK-Mitgliedern neben ihm keine weiteren Teilnehmer der Pressekonferenz, die wussten, dass der Schießbefehl an der Grenze schon im April ausgesetzt wurde und auch der Schusswaffengebrauch durch die Volkspolizei bei Zusammenrottungen und Aufruhr seit 3. November untersagt war. Beide waren aber vertraulich. Weder wussten die Polizisten von der Regelung bei den Grenzern, noch wussten die Grenzer, dass die Polizei nicht bei

Zusammenrottungen schießen durfte (beispielsweise vor dem Gelände der Grenzübergangsstellen).

Alle anderen Teilnehmer der Pressekonferenz, später die Zuschauer und Zuhörer, mussten davon ausgehen, dass es eine neue Ausreiseregelung gab, denn der Pressesprecher des Politbüros würde ja die Leute nicht zur Grenze schicken, wenn dort bei Betreten der Grenzübergangsstelle ohne Reisedokumente geschossen werden würde.

Hintergrund für das Aussetzen des Schießbefehls waren die tödlichen Schüsse auf Chris Gueffroy am 6. Februar beim Fluchtversuch über die Mauer in Berlin.

Im Politbüro stritten zwei Fraktionen. Die Hardliner, die den Schusswaffengebrauch weiterhin erlauben wollten und jene, die gern Erich Honecker in Washington empfangen sehen wollten.

In Bonn hatte Kohl im September 1987 Honecker empfangen, was für die SED eine große Genugtuung war.

Beides zusammen – Schießbefehl und Washington-Reise – ging aber nicht. Hinzu kam, dass für eine Aufhebung der Schusswaffen-Gebrauchsbestimmung an der NATO-Grenze des Warschauer Pakts die Sowjets die Zustimmung geben mussten. Deshalb dauerte es einige Wochen, bis der Schießbefehl aufgehoben wurde.

Der für die Grenzübergangsstellen zuständige Stellvertretende Minister des MfS, Neiber, befahl acht Wochen nach den tödlichen Schüssen im Februar dann im April 1989, dass diese Weisung auch für die Pass-Kontrolleinheiten gilt.

So wurde schon im April 1989 die Grundlage für eine unblutige Maueröffnung gelegt.

Es kann davon ausgegangen werden, dass die Verantwortlichen der Westgruppe der sowjetischen Streitkräfte und der beiden sowjetischen Geheimdienste diesen Befehl kannten, wenn nicht sogar initiiert hatten. Oder war es das von mir vermutete Drehbuchteam? Denn der Schießbefehl passte nicht ins Konzept von Gorbatschow und seinem „Haus Europa".

Demnach wäre dieser Befehl ein erster Anker im Drehbuch zum Mauerfall gewesen.

Änderungen der Schusswaffen-Gebrauchsbestimmung (vulgo: Schießbefehl) an der Westgrenze und in den Grenzübergangsstellen durch Weisung des Ministers für Nationale Verteidigung Link-24 und 25

Hauptabteilung I beim
Kommando Grenztruppen

Pätz, 12. 4. 1989

BStU
000027

Niederschrift

mündlich angewiesen,
die Schußwaffe im Grenzdienst (Staatsgrenze zur BRD und zu
Berlin (West)) zur Verhinderung von Grenzdurchbrüchen nicht
anzuwenden.

Ein Zeitzeuge, damals Schüler an der Militärpolitischen Hochschule (MPHS) in Berlin, berichtete mir, dass es ab Mai 1989 für die Offiziere keine Waffenausgabe mehr gab. Die Grenzsoldaten rückten zwar mit Maschinenpistole aus, aber ohne Munition. Zurück zum Abend des 9. November.

Weder die Chefs noch die Mitarbeiter der Passkontrolleinheiten wussten etwas von einer Reiseregelung. Sie wurden überrumpelt und wussten nicht, was sie tun sollten. Denn für die Mitarbeiter der Passkontroll-Einheiten galten Befehle, keine Erläuterungen auf Pressekonferenzen, auch nicht von Politbüro-Mitgliedern. Die Leiter der Passkontrolleinheiten versuchten vergeblich, von ihren Vorgesetzten eine Auskunft zu erhalten. Später informierte die Lagestelle des MfS die Leiter der Passkontroll-Einheiten über die Ausbürgerung derjenigen, die „besonders aggressiv auftraten". Das war in Umsetzung des Passus der Reiseregelung zur Ermöglichung der sofortigen Ausreise von DDR-Bürgern, die dauerhaft das Land verlassen wollten.

Um im anschwellenden Strom der Bürger an den Grenzübergangsstellen jene herauszufiltern, die „besonders aggressiv auftraten" glaubte man, eine Lösung zu haben.

Als Kennzeichen der Ausbürgerung sollten die Fotos im Personalausweis abgestempelt werden und nur diesen Bürgern die Wiedereinreise verweigert werden. Alle anderen Bürger sollten den Stempel im hinteren Teil des Personalausweises erhalten und damit die Möglichkeit der Wiedereinreise in die ‚Hauptstadt der DDR'.

Diese Anweisung wurde in den Übergangstellen im Chaos und vermutlich in Abhängigkeit vom Frust der Kontrolleure unterschiedlich gehandhabt und so waren dann innerhalb weniger Stunden viele tausende DDR-Bürger ausgebürgert – ohne dass sie es wussten und ohne, dass es dafür eine gesetzliche Regelung gab.

Am Nachmittag des 9. November hatte ich noch einen Besucher unserer Repräsentanz im Ostberliner IHZ zum Flughafen Tegel in Westberlin gebracht und war gegen 15.30 Uhr über den Checkpoint Charlie wieder nach Ostberlin zurückgekehrt. Da wir aufgrund der verschärften Sicherheitslage angehalten waren unseren Pass in der Transinter-Reisestelle abzugeben, kam ich dieser Weisung nach, obwohl ich am nächsten Morgen wieder nach Tegel fahren musste.

Den Abend verbrachte ich mit Freunden und kam kurz nach 22.30 Uhr nach Hause. Obwohl ich damals im Stadtzentrum unweit des Fernsehturms wohnte, war mir kein ungewöhnlicher Verkehr aufgefallen.

Das Westfernsehen zeigte die ersten Bilder von geöffneten Übergangsstellen. Nachdem wir uns das eine Weile angeschaut hatten, entschlossen sich meine Frau und ich, gemeinsam mit zwei Freunden auch nach Westberlin zu fahren. Ich kannte mich aus und wir nahmen meinen Dienst-Audi mit dem Sonderkennzeichen für in der DDR akkreditierte Westfirmen und fuhren zum Übergang Heinrich-Heine-Straße. Gegen 24.00 Uhr konnten wir passieren, es gab eine riesige Warteschlange.

Wir erhielten alle im Personalausweis den Stempel auf das Passbild. Das war ungewöhnlich, ich hatte das noch nie gesehen. Auf Nachfrage wurde keine Auskunft vom Grenzpolizisten gegeben. Wir fuhren zu einem Restaurant in einer der Nebenstraßen des Kudamms, ich konnte mein Westgeld sparen – der Wirt hatte alle Ossis eingeladen.

Gegen 3.00 Uhr fuhren wir zurück, es gab keine Kontrolle mehr.

Um 7.00 Uhr weckten wir die Kinder (11 und 14 Jahre alt) und erzählten von unserer Nacht.

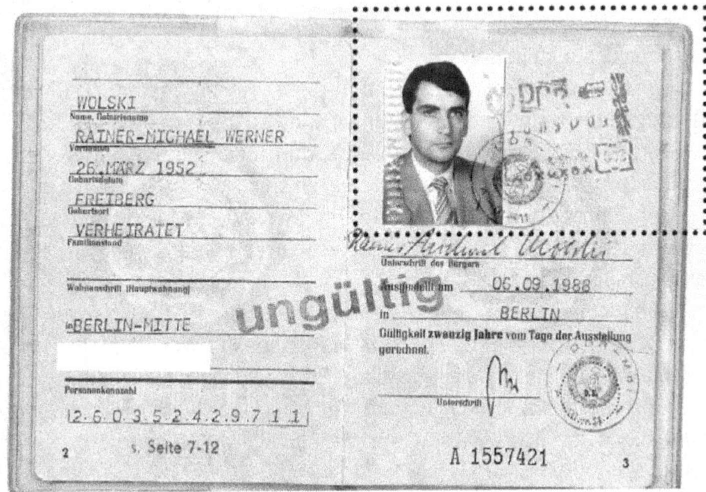

Erst wenige Tage später erfuhr ich, dass wir bis etwa 2.30 Uhr als ausgebürgert galten und uns die Rückreise verwehrt werden sollte. Da begann ein kritisches Nachdenken. Was wäre mit unseren Kindern geschehen? Aber da war alles schon entschieden und man begann sich auf das Leben ohne Mauer einzurichten.

Die Grenzpolizisten begriffen in dieser Nacht sehr schnell, dass sie nur eine Chance hatten – Grenze auf, freundlich winken und alle wieder hereinlassen.

Auch dazu der passende DDR-Spruch: *Wenn man eine Bewegung nicht aufhalten kann, soll man sich an deren Spitze stellen.*

Es dürften nur dem Drehbuchteam und Schabowski um 19.00 Uhr klar gewesen sein, was passieren würde, wenn zig Tausende nach den (von Schabowski falsch gegebenen) Informationen um 19.30 Uhr im Ost- und um 20.00 Uhr im Westfernsehen in der Berliner Innenstadt die Grenzübergänge stürmen würden – nämlich die Öffnung der Grenze ohne Blutvergießen.

Deshalb war die Öffnung der Grenze in Ungarn im Sommer so wichtig, da sie den Menschen die Angst vor der Grenzpassage genommen hatte. Denn im Fernsehen war sichtbar gewesen, dass man die Westgrenze überschreiten konnte – ohne Pass und Ausreisevisum – und nicht erschossen wurde. Die Ausreise in den Westen war machbar geworden – warum nicht auch in Berlin?

Über 100.000 Ossis besuchten in dieser Nacht Westberlin. Bis zum Montag, dem 13. November, waren es dann knapp eine Million. Dass die Westgruppe nicht einschreiten würde, dürfte eine Grundvoraussetzung für das Drehbuch zum Mauerfall gewesen sein.

Der damalige DDR-Botschafter in Moskau, Gerd König, war als ZK-Mitglied auf der Tagung vom 8. bis 10. November anwesend. Er schrieb später über die Maueröffnung:

„Ich kann mir vorstellen, welche Erleichterung Gorbatschow und Schewardnadse empfanden, als am Morgen des 10. November feststand, dass die Grenzöffnung ohne größere Probleme verlief. Der zweite Anruf des Botschafters war ein Ausdruck der Freude, weil ein entscheidendes Problem in den Beziehungen zwischen der Sowjetunion und den westlichen Staaten fast konfliktfrei gelöst wurde. Allerdings war damit auch das Schicksal der DDR endgültig besiegelt [...]" (22) Es sind bis heute

keine Verantwortlichen für die Grenzöffnung auszumachen. Der Westen führte damals alles auf Systemversagen (Irrtum Schabowskis) zurück und Egon Krenz bezeichnete es 1990 im Titel seines Buches schon als „Friedliche Revolution".

Hatten Krenz, einige Militärs und Hardliner der Stasi in der Nacht zum 10. November noch im Sinn, mit einer militärischen Aktion und dem Einsatz der 1. Motor-Schützen-Division wieder „Ruhe und Ordnung" an der Grenze herzustellen, so waren die Hinweise dazu aus Moskau eindeutig. Krenz wurde knapp vier Wochen später von seinem Posten als SED-Generalsekretär und Staatsratsvorsitzender abgelöst. Vermutlich geschah das auf Drängen Moskaus. Er musste Platz machen für eine Übergangslösung zur Vorbereitung auf die deutsche Einheit.

Fazit

Es dürften keine 50 ostdeutsche Agenten des KGB in hohen Schaltstellen der Macht in der DDR gewesen sein, die am 9. November nach Moskauer Drehbuch und Regie die Grenze öffneten und dann, wenig später, sowohl in der SED, in den neugegründeten Parteien und im Neuen Forum die DDR hinwegfegten.

Schade, dass wir diese stillen Helden aus SED-Zentralkomitee, Regierung, Stasi, Armee, Polizei, Medien, Kirchen, Bürgerrechtsgruppen und neugegründeten Parteien nicht kennen dürfen. Aber vielleicht gibt es erste Hinweise bei einer Öffnung der Moskauer Archive 2021.

Die Beteiligten des Drehbuchteams im MfS und bei den Grenztruppen hielten die Kommandeure der Grenzübergangsstellen in ihren verzweifelten Anrufen hin und schwiegen eisern.

Oberst Ziegenhorn vom Lagezentrum des MfS – offenbar nicht zum Drehbuchteam gehörend – setzte die Weisung mit dem Stempel auf dem Passfoto als Zeichen für die Ausbürgerung um, aber die Grenzöffnung spülte dann alles weg, auch diese Ausbürgerungen.

Hätten die Grenzer in der Nacht tatsächlich mehrere zehntausend Ostberliner nicht wieder reingelassen und die Meldestellen am Freitag keine Ausreisen genehmigt, weil noch keine staatliche Regelung vorhanden war, wäre am 10.11.89 das Chaos ausgebrochen, vor dem die DDR-Führung schon 1988 in Washington gewarnt worden war. Manfred Uschner, damals persönlicher Mitarbeiter des SED-Politbüro-Mitgliedes

Hermann Axen, war 1988 mit seinem Chef in den USA und berichtete über ein Gespräch mit Vertretern des State Departments, die aber vermutlich von der CIA waren.

„Der Hochgewachsene sprach Klartext: Also wie Sie wahrscheinlich wissen, haben wir ja schon im vorigen Jahr durch Unterstaatssekretär Sonnenfeld zu Prof. Reinhold sagen lassen, dass die DDR in den nächsten zwei bis vier Jahren zu Ende ist. Und wir fürchten, dass es ein Chaos geben wird, wenn es zu einem militärischen Konflikt kommt. Wir und die Russen müssten uns dann einmischen, das wollen wir beide nicht. Wie wir wissen, gehen Sie auch davon aus, dass die DDR nicht mehr lange existiert. Ich möchte Ihnen sagen, dass das wahrscheinlich 10 Tage nach dem 40. Jahrestag der DDR geschehen wird. Dann wird die Mauer fallen. Wir haben eine Bitte: Wenn die politische Krise ausbricht, fahren Sie bitte nach Pätz [Anmerkung d. Vf.: Führungsstab der DDR-Grenztruppen] und sagen Sie dort den Ihnen Vertrauten, sie mögen die Mauer und die Grenze zur BRD noch sechs Wochen halten, bis wir mit den Russen alle technischen Details geklärt haben!" (23)

Uschner berichtete weiter. Nach seiner Rückkehr aus den USA erhielt er unerwartet einen Anruf des Abteilungsleiters, der ihn bat in die Reisestelle des ZK der SED zu kommen und für ihn und seine Familie Flugtickets nach Moskau abzuholen.

Sie seien vom 26.–29. Mai 1988 Gäste der KPdSU. Uschner wurde in Moskau sein neuer Kontaktmann vorgestellt. Am 27. Mai fand eine größere Besprechung statt, wo leitende KPdSU-Funktionäre und der stellvertretende KGB-Chef für Westeuropa teilnahmen. Uschner berichtet über dieses Gespräch:

„[...] und die wollten von mir detailliert wissen, wie die Lage in der DDR ist und ob sie noch zu retten sei oder nicht. Insofern war ich da ein Drahtzieher, weil ich ihnen gesagt habe, sie ist nicht mehr zu retten. Das war das erste Mal, dass ich auf eine klare Frage eine klare Antwort gegeben habe. Ich habe ihnen gesagt, dass sie es verpasst hätten, diese Honecker-Gruppe abzusetzen und reformerische Leute ans Ruder zu bringen. [...] Die wussten auch, dass ich in den USA gewesen war. Die haben mir aber nicht eine Frage zur USA-Reise gestellt! Ich hatte den Eindruck, sie wussten, was ich da besprochen hatte. Es gab also längst ozeanübergreifende Kontakte zwischen den Amis und den Russen". (23)

So gab es an diesem 9. November ein fein inszeniertes, totales Chaos, keiner in der Parteispitze und DDR-Regierung blickte durch und konnte Festlegungen treffen, die Bestand hatten und umsetzbar waren. Das Drehbuchteam hatte seinen Auftrag exzellent erfüllt.

Das Verbot des Schusswaffeneinsatzes an GÜST (vom April) und bei der Polizei im Zusammenhang mit dem Mauerfall vom 9. November wird von der amtlichen Geschichtsschreibung als Zufall gewertet oder aber meistens nicht erwähnt.

Aus deren Sicht gab es keinen kausalen Zusammenhang zwischen dem Verbot des Schusswaffeneinsatzes und dem Mauerfall und damit keinen Hinweis auf die Existenz eines Planes.

8. Warum war der Übertragungswagen einer US-Fernsehstation seit dem 7. November auf der Westseite des Brandenburger Tors aufgebaut?

Eine US-Fernsehstation hatte seit dem 7. November auf der Westseite des Brandenburger Tors einen Übertragungswagen aufgebaut und ihr Chefreporter Tom Brokaw, der eigens aus den USA am 6.11. eingeflogen worden war, konnte so als erster live von der Maueröffnung von einem Kran aus berichten.

Brokaw hatte gegen 19.00 Uhr noch Schabowski exklusiv interviewt (als einziger Reporter). Der Spiegel berichtete dazu 2009. **Link-26**
Der Chronist des Mauerfalls schrieb, Brokaws Interview mit Schabowski betreffend:

„Als ich ihn interviewte", schickte Brokaw der Ausstrahlung des Gesprächs voraus, *„war er noch damit beschäftigt, die neue Politik zu begreifen."* (24)

Zusammengefasst: Ohne eine Vorahnung kam Brokaw am 6. November nach Berlin, ließ am 7.11. ohne Vorahnung eine Fernsehstation am Brandenburger Tor Westseite aufbauen, ließ später ohne Vorahnung einen Kran (für den besseren Einblick in den Osten) hinstellen und bekam dann – als einziger – von Schabowski ein Exklusivinterview für 19.00 Uhr im Anschluss an die Pressekonferenz bewilligt. Gegen 19.45 fuhr Brokaw wieder zurück auf die Westseite des Brandenburger Tores und harrte wieder ohne Vorahnung in seinem Übertragungswagen der Dinge, die da kommen sollten.

Fazit

Dieser TV-Einsatz zum richtigen Zeitpunkt am richtigen Ort signalisiert meines Erachtens Kenntnis vom Timing des Mauerfalls.

Die Gleichzeitigkeit dieser Ereignisse: Aufbau einer TV-Station auf der Westseite des Brandenburger Tors und des einzigen Exklusiv-Interviews eines Journalisten mit Schabowski unmittelbar vor dem Mauerfall vom 9. November wird von der amtlichen Geschichtsschreibung als Zufall gewertet. Aus ihrer Sicht gab es keinen kausalen Zusammenhang mit dem Mauerfall und damit verbot sich jeder Gedanke an eine Planung.

9. Warum weckte niemand Gorbatschow an jenem Abend?

Kurz vor Mitternacht des 9. November 1989 gab der Gesandte der sowjetischen Botschaft Igor Maximytschew ein Interview, nachzuhören unter **Link-27** (letzter Link vom 9. November).

Er erklärt ganz ruhig und emotionslos, warum er nicht den Botschafter wecken kann und warum niemand aus der Botschaft Gorbatschow wecken wird. Es hat Zeit bis zum nächsten Morgen, da sowieso nichts mehr zu ändern sei. Und er sah eine Gefahr, dass in der dritten oder vierten Reihe in Moskau einige Wirrköpfe „unbedachte Handlungen" durchführen könnten, wenn er jetzt Hektik verbreite.

Ein überraschter und besorgter Gesandter hätte anders reagiert. Er hätte den Botschafter geweckt und gemeinsam hätte man eine Krisensitzung mit KGB, GRU und Westgruppe einberufen.

Schon allein die Aussage, dass er den Botschafter nicht wecken will, weil er schon schläft, ist ein eindeutiger Hinweis, dass dieser informiert war.

Florian Huber beschreibt in seinem Buch **Schabowskis Irrtum**, wie der sowjetische Gesandte Maximytschew die Pressekonferenz am Fernseher verfolgte und stutzte, als Schabowski sagte, dass auch über Westberlin ausgereist werden könne. Berlin Ost und West – das war alliiertes Hoheitsgebiet, auch sowjetisches.

„Am Telefon ist jetzt Botschafter Kotschemassow, der Maximyt-schews Einschätzung zu dieser unerwarteten Wendung hören will. Es war nicht höflich, aber ich sagte: Botschafter, mit diesen Leuten ist keine Suppe zu essen!".

Der Botschafter aber blieb bei seinem Mantra, das er aus Moskau zu hören bekommt: Ruhe bewahren, nichts dramatisieren, so kompliziert die Fragen auch sein mögen. Hauptsache ist, der Beschluß ist angenom-men und bekanntgegeben. Jetzt muss alles glatt weiterlaufen. Damit meldete sich der Botschafter für heute ab." Auf Seite 183 heißt es weiter: *„Der Botschafter der Sowjetunion schläft. Nicht lange nach Schabowskis Pressekonferenz hat er ein Schlafmittel eingenommen. Nun obliegt die Entscheidung dem Gesandten Igor Maximytschew, wie mit der neuen Lage in Berlin nach der Grenzöffnung umzugehen ist."* (25)

Es ist eine interessante Form der Delegierung von Verantwortung. Der Botschafter war der politische Vertreter der UdSSR in der DDR, nur er persönlich hätte den Einsatzbefehl für die Westgruppe (weiter-)geben können. Aber er schlief fest und konnte nicht geweckt werden.

Aus meiner Sicht hätte nur aus einem Grund eine Notwendigkeit bestanden, den Botschafter zu wecken oder gar Gorbatschow um den Schlaf zu bringen.

Nur im Falle, dass etwas Ungeplantes, Überraschendes, die Sicher-heit der Sowjetunion Bedrohendes eingetreten wäre. Aber das war an diesem Abend aus Botschaftssicht nicht der Fall.

Man hatte Schewardnadses Mahnung von 1986 umgesetzt und *„die mögliche Unlenkbarkeit der Ereignisse"* durch eine verdeckte Aktion vermieden.

Fazit

Aus meiner Sicht war dieses Interview ein Statement, dass die UdSSR sich nicht einmischen wird. Gleichzeitig sehe ich als Vertreter der These eines Mauerfalls nach geheimen Drehbuchs eine klare Aussage, die geplant und in ihrer Deutlichkeit unübertroffen war – die höchsten politischen Entscheidungsträger der UdSSR waren informiert und ließen die Dinge laufen.

25 Jahre nach dem Mauerfall sagte Maximytschew, der damalige sowjetische Gesandte in Ostberlin, in einem Interview mit Euronews:

„Gorbatschow war froh. Froh über die Tatsache, dass das Problem der Mauer beseitigt war. Es existierte nicht mehr. Und es wurde von den Deutschen selbst beseitigt. Wir hatten damit nichts zu tun und waren auch nicht für die Folgen verantwortlich." Link-28

Interessant, dass er hervorhebt, dass die Sowjetunion nichts mit dem Mauerfall zu tun hatte. Es waren die Deutschen selbst – nur vergaß er zu erwähnen, dass die entscheidenden Personen als Agenten des KGB ihren Auftrag weisungsgemäß umsetzten.

Diese Aussage im Zusammenhang mit dem Mauerfall vom 9. November wird von der amtlichen Geschichtsschreibung als eine Bestätigung der Nicht-Einmischung der Sowjets interpretiert. Aus amtlicher Sicht gibt es keinen kausalen Zusammenhang und das schloss jegliche Annahme einer Planmäßigkeit des Mauerfalls aus.

10. Was hatte der Berliner Mauerfall mit dem Hitler-Stalin-Pakt von 1939 zu tun?

Der Mauerfall war die Voraussetzung für die Wiedervereinigung Deutschlands, wie Schewardnadse sie seit 1986 plante.

Deutschland (Ost wie West) war 1989 immer noch von den alliierten Mächten USA, Großbritannien und Frankreich sowie der Sowjetunion militärisch besetzt. Die Besetzung Deutschlands durch die Alliierten war das Ergebnis des Sieges der Alliierten über Hitlerdeutschland 1945.

1949 wurden in den Westzonen die Bundesrepublik Deutschland (BRD) und in der Sowjetisch Besetzten Zone (SBZ) die Deutsche Demokratische Republik (DDR) gegründet.

Eine Wiedervereinigung beider deutscher Staaten hatte also die Aufhebung des alliierten Status über Deutschland und Berlin und den Abzug ihrer Soldaten als Vorbedingung.

Alle grundlegenden Absprachen der Alliierten zu Deutschland gingen auf die Treffen der Staats- und Regierungschefs der Sowjetunion, USA und England in

- Moskau Oktober/November 1943 (Außenminister-Ebene)
- Teheran Dezember 1943,
- Jalta Februar 1945 und
- Potsdam Juli/August 1945 zurück.

Für die Sowjetunion gab es bei einer Wiedervereinigung Deutschlands ein Problem. Sie hatte 1939 mit dem Deutschen Reich zwei Verträge geschlossen:

- Den Nichtangriffspakt mit Deutschland vom 23.08.1939 (Hitler-Stalin-Pakt) und
- den Deutsch-Sowjetischen Grenz- und Freundschaftsvertrag vom 28.09.1939 (nachdem die Deutschen am 01.09.1939 Polen überfielen, besetzten und die mit den Sowjets vereinbarte Demarkationslinie erreicht hatten. Die Sowjetunion reklamierte diese Gebiete Polens und Litauens für sich, die sie nach dem Polnisch-Sowjetischen Krieg 1919–21 und dem Sieg Polens abtreten mussten. Litauische Gebiete fielen nach dem Polnisch-Litauischen Krieg 1920 an Polen, Stichwort Curzon-Linie).

Der Abschluss des Grenz- und Freundschaftsvertrages war nach dem Überfall Deutschlands auf Polen notwendig geworden, da:

- Litauen – im Gegensatz zu den Festlegungen zum Nichtangriffspakt – nicht mehr der deutschen Seite, sondern der Sowjetunion zugeschlagen wurde, die es dann 1940 in ihr Staatsgebiet einverleibte und territorial mit den 1920 verlorenen Gebieten wieder vergrößerte,
- von der Sowjetunion beanspruchte Gebiete Polens an die sowjetischen Sowjetrepubliken Belorussland und Ukraine von Deutschland abgetreten wurden.

Beide Verträge gingen zu Lasten anderer Länder (u. a. Litauen und Polen). Sie hatten geheime Zusatzprotokolle, die – so glaubten die Sowjets – seit 1945 nur ihnen bekannt waren. 1945 hatte eine Spezialeinheit der Roten Armee alle wichtigen Dokumente in Berlin erbeutet, darunter auch die deutschen Originale des Nichtangriffspaktes und des Freundschafts- und Beistandsvertrages nebst den Geheimprotokollen.

Was man in Moskau nicht wusste war, dass ein amerikanischer Agent im Auswärtigen Amt in Berlin schon 1939 die Verträge und Geheimprotokolle mit seiner Leica fotografiert hatte und die Filme seitdem im Archiv des State Departments lagern.

Die Verträge waren international bekannt, jedoch nicht die geheimen Protokolle. Die Existenz dieser Geheimprotokolle war von der UdSSR bis Ende 1988 geleugnet worden. Darunter war auch das Protokoll zur „Beschreibung des Verlaufs der Staatsgrenze der UdSSR und der Staats- und Interessengrenze Deutschlands".

Wollte also die Sowjetunion das von ihr im April 1946 annektierte und in ihr Staatsgebiet einbezogene Königsberg (Kaliningrad) in Ostpreußen – im Gegensatz zu den Beschlüssen der Alliierten im Potsdamer Abkommen – dauerhaft behalten, musste sie 1990:

1. mit den Westalliierten, die 1946 gegen die Einbeziehung Königsbergs in das sowjetische Staatsgebiet durch Stalin protestiert hatten, eine einvernehmliche Lösung finden,
2. beide Verträge mit ihren Geheim- und Zusatzprotokollen für ungültig erklären, um mögliche spätere territoriale Forderungen des wiedervereinigten Deutschlands zu Königsberg auszuschließen,
3. den Abschluss eines Friedensvertrages mit Deutschland vermeiden, denn dieser war nach Potsdamer Abkommen Voraussetzung für die Entscheidung, was mit dem zeitweilig und treuhänderisch verwalteten Königsberg geschehen solle.

Um dieses komplizierte Thema verständlich zu erläutern, möchte ich zuvor eine „Geschichtsstunde" einfügen.

Das Problem der Sowjetunion unter Gorbatschow war, dass bis Ende 1988 die Existenz von geheimen Zusatzprotokollen oder kartographierter Grenzziehungen zu den (bekannten) Verträgen von allen bisherigen Regierungen der Sowjetunion geleugnet worden war.

Man hatte in Moskau angeblich über 40 Jahre in den Archiven gesucht, nichts gefunden und den Westen immer böswilliger Unterstellungen bezichtigt, wenn man auf das Thema Geheimprotokolle zu sprechen kam. Die UdSSR vertrat einige Jahre den Standpunkt, dass die von den Amerikanern erwähnten Kopien der Geheimprotokolle eine Fälschung seien, um die Friedenspolitik der UdSSR zu verleumden.

Um zu verstehen, wie brisant für die Sowjetunion dieses Thema seit Kriegsende war, werfen wir einen Blick zurück ins Jahr 1946.

Nürnberger Prozess, 25. März 1946: Der Verteidiger von Rudolf Heß wollte die Eidesstattliche Versicherung des Leiters der Rechtsabteilung des Auswärtigen Amtes zur Existenz der Geheimprotokolle des Hitler-Stalin-Pakts von 1939 vorlegen und diese Protokolle auch bekanntmachen – zur Entlastung seines Mandanten. Der sowjetische Ankläger Rudenko veranlasste, dass beide Anträge vom Gericht zurückgewiesen wurden.

Lew Besymenski, ein bekannter sowjetischer Historiker beschrieb in einem Bericht die Gründe, warum diese Rückweisung 1946 geschehen konnte: Niemand kann uns überführen, SPIEGEL 3/1991 vom 14.01.1991, Link-29

Dieser Artikel beschreibt sehr ausführlich den Machtkampf um die Anerkennung der Existenz der Geheimprotokolle in der Sowjetunion bis 1989. Es gibt aber auch in diesem Beitrag keinen sichtbaren Bezug zum Mauerfall.

„Gemäß der Archivdokumentation stellte sich den Anklägern schon bei der Prozeßvorbereitung die heikle Frage: Was geschieht, wenn die Angeklagten die für alle vier Alliierten unerwünschten Fragen ins Spiel bringen?"

Darüber dachte man schon ein halbes Jahr nach Kriegsende nach.

Auf Initiative der USA und Englands, von der Sowjetunion und Frankreich später unterstützt, wurde am 9. November 1945 beschlossen, daß „politische Ausfälle" an die Adresse der Sieger nicht zugelassen werden dürften. Ein entsprechender Rapport wurde am 19. November 1945 von Nürnberg nach Moskau abgeschickt; er weckte in Moskau großes Interesse. Auf Stalins Anweisung bildete man eine Regierungskommission zur Organisation und Durchführung des Nürnberger Prozesses." Link-29

Stalin verfügte neun Komplexe, zu denen keine Fragen seitens der Verteidiger in Nürnberg zugelassen werden sollten:

1 *„Das Verhältnis der UdSSR zum Versailler Vertrag.*

2 *Der sowjetisch-deutsche Nichtangriffspakt von 1939 und alle Fragen, die irgendeine Beziehung dazu haben.*

3 *Molotows Besuch in Berlin, Ribbentrops Besuche in Moskau.*

4 *Fragen, die mit dem gesellschaftspolitischen System der UdSSR zusammenhängen.*

5 *Die baltischen Sowjetrepubliken.*

6 *Die sowjetisch-deutsche Vereinbarung über den Austausch der deutschen Bevölkerung Lettlands, Litauens und Estlands mit Deutschland.*

7 *Die Außenpolitik der Sowjetunion und, en detail, die Themen der Meerengen und angeblicher territorialer Ansprüche der UdSSR.*

8 *Die Balkanfrage.*

9 *Sowjetisch-polnische Beziehungen (die Probleme Westukraine und Westbelorußland). "* Link-29

Stalin in der Uniform des Generalissimus, nach seiner Ernennung aufgrund des Dekrets des Präsidiums der Streitkräfte der UdSSR vom 26.06.1945 über die Errichtung des höchsten militärischen Ranges – Generalissimus der Sowjetunion. Die Ernennung erfolgte in Vorbereitung der Potsdamer Konferenz zur Machtdemonstration gegenüber den Briten und Amerikanern. Foto im Besitz des Autors.

Die Amerikaner, im Besitz von Kopien der geheimen Protokolle, begriffen offensichtlich aber erst zu diesem Zeitpunkt, welche Sprengkraft für die Sowjetunion darin steckte – weil Stalin Fragen dazu verboten hatte. Damit mussten die alliierten Beschlüsse von Jalta und Potsdam 1945 durch die West-Alliierten ganz anders interpretiert werden. Es war kein Nichtangriffspakt gewesen, der da 1939 von der Sowjetunion unterschrieben wurde (auch wenn die Vertragsüberschrift so lautete), sondern ein Vertrag zur Aufteilung anderer Länder. Es war ein Vertrag zu Lasten Dritter, Beute wurde geteilt und von den West-Alliierten in Jalta und Potsdam in Unkenntnis der Geheimprotokolle als rechtmäßig anerkannt. Auch stützte die Vertragsüberschrift die Sicht, dass Hitler vertragsbrüchig wurde und die Sowjetunion überfiel.

Die Amerikaner und Briten mussten feststellen, dass Stalin sie bei der Abfassung der Beschlüsse in Jalta und Potsdam über den Tisch gezogen hatte. Im kalten Krieg konnten sie dann später die Sowjetunion bei passenden Gelegenheiten immer mal wieder daran erinnern, dass es die Geheimprotokolle gab und man sie genau kannte.

Der Deal der Sowjets mit den Amerikanern

Die in der „Mitteilung über die Dreimächtekonferenz von Berlin" im Amtsblatt des Kontrollrats genannten Beschlüsse der Potsdamer Konferenz waren völkerrechtlich kein bindender Vertrag. Das von der UdSSR eroberte deutsche Gebiet (Königsberg) stand vorbehaltlich der endgültigen Bestimmung der territorialen Fragen bei der Friedensregelung nur unter ihrer zeitweiligen und treuhänderischen Verwaltung.

In der „Mitteilung über die Dreimächtekonferenz von Berlin" wurde festgelegt:

„VI. Stadt Königsberg und das anliegende Gebiet
Die Konferenz prüfte einen Vorschlag der Sowjetregierung, daß vorbehaltlich der endgültigen Bestimmung der territorialen Fragen bei der Friedensregelung derjenige Abschnitt der Westgrenze der Union der Sozialistischen Sowjetrepubliken, der an die Ostsee grenzt, von einem Punkt an der östlichen Küste der Danziger Bucht in östlicher Richtung nördlich von Braunsberg-Goldap und von da zu dem Schnittpunkt der Grenzen Litauens, der Polnischen Republik und Ostpreußens verlaufen soll. Die Konferenz hat grundsätzlich dem

Vorschlag der Sowjetregierung hinsichtlich der endgültigen Übergabe der Stadt Königsberg und des anliegenden Gebietes an die Sowjetunion gemäß der obigen Beschreibung zugestimmt, wobei der genaue Grenzverlauf einer sachverständigen Prüfung vorbehalten bleibt. Der Präsident der USA und der britische Premierminister haben erklärt, daß sie den Vorschlag der Konferenz bei der bevorstehenden Friedensregelung unterstützen werden." (26)

Die Beschlüsse von Potsdam waren ein Deal der Alliierten, Deutsche waren daran nicht beteiligt. Die zeitweise Verwaltung von Königsberg war eine Entscheidung der Alliierten untereinander. Andererseits gab es die beiden Abkommen zwischen Deutschland und der Sowjetunion von 1939, die offenbar immer noch geltendes Recht waren.

Die Amerikaner und Briten hatten der erfolgten Eingliederung Königsbergs am 7. April 1946 in das sowjetische Hoheitsgebiet kurze Zeit später widersprochen, da die Annexion im Widerspruch zum Potsdamer Abkommen stand.

Die Regelungen von Potsdam sind nur im Kontext mit den Beschlüssen der Krim-Konferenz von Februar 1945 (und letztlich mit dem Hitler-Stalin-Pakt 1939) zu verstehen. Im Protocol of Proceedings, das hier verfügbar ist, Yalta Conference Agreement, Declaration of a Liberated Europe, February 11, 1945, History and Public Policy Program Digital Archive, National Archives **Link-30** finden sich Regelungen zu Polen und den sowjetischen Territorien im Fernen Osten (Kurilen, Sachalin etc), aber keine Aussagen zu Königsberg.

Auch die Fragen zu China sind nicht im offiziellen Protokoll-Text enthalten, es gab eine gesonderte (geheime) Regelung, während die Teilung Koreas am 17. Breitengrad öffentlich verkündet wurde. Es wurden offenbar mehrere geheime Zusatzprotokolle verfasst, die bis heute nicht veröffentlicht wurden. Auch die Akten von Rudolf Hess in England bleiben noch Jahrzehnte unter Verschluss – stehen sie im Zusammenhang mit den Geheimprotokollen von Jalta? **Link-31**

Auf der Jalta-Konferenz wurde auch der Entwurf der UN-Charta mit dem, den Alliierten vorbehaltenen ständigen Sitz im Sicherheitsrat und als Beginn der Verhandlungen zur UN-Gründung der 25. April 1945 festgelegt. China und Frankreich wurden ebenfalls als ständige Mitglieder benannt. Die Feindstaatenklauseln – die sich gegen Deutschland, Japan und andere Kriegsteilnehmer auf deren Seite richteten – sind bis heute Bestandteil der UN-Charta und ermöglichen es UN-Mitgliedern, ohne Beschluss des Sicherheitsrats in diesen Ländern zu intervenieren. Voraussetzung: Es besteht die Möglichkeit, dass von diesen Staaten wieder Kriegsgefahr ausgehe.

Man wird wieder an die geheimen Zusatzprotokolle zum Nichtangriffspakt und Grenzvertrag von 1939 erinnert. Auch auf Jalta hatte Molotow für die Sowjetunion unterschrieben. Da das Bekanntwerden negative PR für die Sowjetunion gewesen wäre, war er vermutlich auch bei diesen Protokollen (wie 1939 bei den Verträgen mit Deutschland) der Initiator gewesen, die dort fixierten Beschlüsse geheim zu halten.

In der Mitteilung über die Dreimächtekonferenz von Berlin wurde in Teil III Deutschland erklärt: *„Das Ziel dieser Übereinkunft bildet die Durchführung der Krim-Deklaration über Deutschland."* (27)

Das schloss die geheimen Dokumente von Jalta mit ein, die wir auch heute noch nicht kennen.

Wie brisant diese geheimen Dokumente von Jalta auch noch 35 Jahre später für die Sowjetunion waren, zeigt eine Drohung des damaligen US-Sicherheitsberaters Zbigniew Brzezinski im Jahre 1980. Als die Krise in Polen Erinnerungen an den sowjetischen Einmarsch in der Tschechoslowakei 1968 hervorrief, erklärte er, im Falle einer sowjetischen Intervention sollten die USA *„an die öffentliche Aufkündigung der Abkommen von Jalta denken"*. Link-32

Die ZEIT monierte, dass es keine Abkommen gab. Aber es gab ja auch viele Jahre für die Welt keine geheimen Zusatzabkommen zum Hitler-Stalin-Pakt und zum Grenzvertrag – bis sie gefunden und veröffentlicht wurden.

Präsident Gorbatschow bestätigte gegenüber Kanzler Kohl die Existenz der sowjetisch-deutschen Geheimprotokolle von 1939 erst im Juni 1989 anlässlich seines Besuchs in Bonn.

Auch noch Gorbatschow leugnete den Besitz der sowjetischen Originale der geheimen Protokolle, musste aber bei Amtsübergabe 1992 diese an Jelzin aushändigen, der sie dann 1992 veröffentlichte. Die im Mai/Juni 1945 erbeuteten deutschen Originale liegen in einem russischen Archiv.

In den geheimen Krim-Protokollen (Abkommen) waren vermutlich die Bedingungen zur Dauer der Verwaltung des von der Sowjetunion eroberten deutschen Gebiets definiert oder bereits ein Junktim im Falle der endgültigen Übergabe in Aussicht gestellt. In Potsdam wurden nur allgemeine Regelungen zu Königsberg (VI. Stadt Königsberg und das anliegende Gebiet) und im Passus XI. Territoriale Treuhänderschaft erwähnt.

„Die Konferenz prüfte einen Vorschlag der Sowjetregierung hinsichtlich einer Treuhänderschaft über Territorien, wie sie in dem Beschluß der Krim-Konferenz und in der Charta der Vereinten Nationen definiert sind." (27)

Aber im veröffentlichten Teil der Krim-Vereinbarungen finden sich keine Aussagen zur Treuhänderschaft über Territorien.

Die Beschlüsse der Potsdamer Konferenz, mit Ausnahme der Grenzziehung Deutschland – Polen, waren nicht Gegenstand von offiziellen Verhandlungen zur deutschen Einheit, man hatte sich offenbar schon vorher hinter den Kulissen geeinigt.

Der ehemalige deutsche Außenminister Genscher schrieb dazu in seinen Erinnerungen:

„Die mir nicht unwillkommene Debatte nutzte ich dazu, das stillschweigende Einverständnis der Vier, es werde keinen Friedensvertrag und keine friedensvertragsähnliche Regelung mehr geben, offenkundig zu machen. Die Bundesregierung schließt sich der Erklärung der vier Mächte an und stellt dazu fest, daß die in der Erklärung der vier Mächte erwähnten Ereignisse und Umstände nicht eintreten werden, nämlich daß ein Friedensvertrag oder eine friedensvertragsähnliche Regelung nicht beabsichtigt sind.

Für das Protokoll erklärte der französische Außenminister, der den Vorsitz führte: ,Ich stelle Konsens fest.' Damit war einvernehmlich niedergelegt, daß weder das Potsdamer Abkommen noch die Pariser Verträge der alten Bundesrepublik mit den drei Westmächten in Zukunft als Grundlage für die Forderung nach einem Friedensvertrag dienen konnten. Die Forderung nach einem Friedensvertrag konnte also definitiv nicht mehr erhoben werden – damit war uns auch die Sorge vor unübersehbaren Reparationsforderungen von den Schultern genommen. Es wurde besiegelt, was Dieter Kastrup auf Beamtenebene schon durchgesetzt hatte." (28)

Die einzige übernommene Festlegung aus der Potsdamer Konferenz im 2+4-Vertrag: Die Anerkennung der deutsch-polnischen Grenze, so, wie sie schon in Jalta und in Potsdam fixiert war. Das war die Oder-Neiße-Linie als Ostgrenze Deutschlands.

Der am 12.09.1990 geschlossene und 1991 ratifizierte „Vertrag über die abschließende Regelung in Bezug auf Deutschland" – das Resultat der 2+4-Verhandlungen – bezog sich dann auch folgerichtig in der Präambel nur allgemein auf die Rechte der vier Mächte, ohne explizit die alliierten Beschlüsse von Jalta oder Potsdam und die darin benannten, bis zur Friedensregelung noch offenen territorialen Fragen zu erwähnen.

Was den Mauerfall von 1989 mit der Nichtigkeitserklärung der deutsch-sowjetischen Verträge von 1939 verbindet

So stellte sich 1989 in Moskau die Frage: Wie kann man etwas rechtsverbindlich – aber damit leider öffentlich – für ungültig (nichtig) erklären, dessen Existenz man immer geleugnet hat?

Um diese Dramatik aus heutiger Sicht besser zu verstehen, empfiehlt sich, vorab den Text Niemand kann uns überführen im SPIEGEL 3/1991 vom 14.01.1991 zur Nichtigkeitserklärung der beiden Verträge nebst Geheimprotokollen von 1939 zu lesen. **Link-29**

Meine Meinung: Um auszuschließen, dass später einmal Deutschland territoriale Ansprüche auf Königsberg erhebt, mussten der Nichtangriffspakt und Grenz- und Freundschaftsvertrag mit ihren geheimen Protokollen und dem Protokoll „Beschreibung des Verlaufs der Staatsgrenze der UdSSR und der Staats- und Interessengrenze Deutschlands" für nichtig von Anfang an erklärt werden.

Es hatte aus offizieller sowjetischer Sicht bis Anfang 1989 niemals Geheimprotokolle gegeben. Das Ende der amtlichen Informationssperre und nachfolgend die Nichtigkeitserklärung beider Verträge müssen nach dem Besuch Kohls bei Gorbatschow Ende Oktober 1988 in Moskau beschlossen worden sein. Der sowjetische Historiker Besymenski wurde nach Bonn geschickt und hatte dort am 18.11.1988 im Politischen Archiv des Auswärtigen Amtes alle vorhandenen Unterlagen zum Nichtangriffsvertrag und zum Grenz- und Freundschaftsvertrag eingesehen und damit eine Bestandsaufnahme gemacht. So war für die Sowjets klar, dass nach der geplanten Wiedervereinigung Deutschlands das sowjetische Kaliningrad „im Feuer stehen würde", sofern man die Verträge mit ihren Geheimprotokollen und sonstigen Anlagen nicht vorher für ungültig erklärte.

Die Nichtigkeitserklärung konnte aber nicht direkt und für die Öffentlichkeit sichtbar im Zusammenhang mit der Klärung der deutschen Frage erfolgen, da der Mauerfall nach Moskauer Drehbuch aus den geschilderten Gründen nicht publik werden durfte.

Es durfte also keine Kausalität hergestellt werden können.

Deshalb musste ein spezielles Wahrnehmungsmanagement für die geplante Nichtigkeitserklärung entwickelt werden, das garantierte, dass die öffentliche Diskussion, dem Gedenken im Baltikum zum 50. Jahrestag der Unterzeichnung durch Ribbentrop und Molotow am 23.08.1939 und die danach geplante Nichtigkeitserklärung international kaum wahrgenommen und keinesfalls mit dem Mauerfall in Verbindung gebracht würden. In der Sowjetunion und den sozialistischen Staaten war das kein Thema, die Parteimedien schrieben, was die Partei sagte. Aber in Westeuropa und den USA hätte es eine lautstarke Empörungswelle geben können. Nicht, weil die Verträge für nichtig erklärt wurden, sondern weil die Amerikaner und Briten schon immer auf den räuberischen Charakter der Verträge verwiesen hatten und die Geheimprotokolle als verbrecherisch bezeichneten.

Man hatte den Pakt deshalb auch als Hitler-Stalin-Pakt bezeichnet und beide damit als Vertragspartner gleichgestellt, was die Sowjetunion, nach dem Überfall Deutschlands 1941, verständlicherweise sehr verdross. Die USA hatten sich immer gegen die Annexion der baltischen Staaten ausgesprochen. Die Sowjetunion aber leugnete viele Jahrzehnte, dass es diese Geheimprotokolle gab.

Im Mai 1989 wurde dieses, fast 50 Jahre als tabu behandelte Thema, erstmals und unerwartet auf dem 1. Volksdeputiertenkongress in Moskau öffentlich diskutiert.

Die zeitliche Parallelität zwischen den Vorbereitungen zum Mauerfall und der Nichtigkeitserklärung der deutsch-sowjetischen Verträge von 1939 mit ihren Geheimprotokollen verblüfft. Nur bei Unterordnung beider unter ein Ziel lässt sich diese Parallelität schlüssig erklären. Das gemeinsame Ziel: Abschließende Klärung der deutschen Frage mit Rückzug der Alliierten aus Deutschland und der Sowjetunion aus Osteuropa.

Voraussetzung: Mauerfall in Berlin und Nichtigkeitserklärung der Verträge von 1939 in Moskau.

Wie managten 1989 die Verantwortlichen in der Sowjetunion die internationale Wahrnehmung?

Am 2. Mai 1989 erfolgte symbolisch der Abbau des Grenzzaunes zwischen Österreich und Ungarn. Es ist denkbar, dass Idee und Termin zu dieser symbolischen Grenzöffnung direkt aus Moskau kamen, als Bestandteil des Drehbuchs zum Mauerfall.

Im Mai regten dann verschiedene westliche Organisationen an (vermutlich auf Betreiben sowjetischer Einflussagenten), im Sommer auf der österreichischen Seite ein Pan-Europa-Picknick zu veranstalten. Dazu sollte die grüne Grenze (also abseits eines Grenzübergangs) zeitweilig geöffnet und den Ostdeutschen ohne DDR-Pass mit Ausreisevisum und österreichischem Einreisevisum der Übertritt aus Ungarn gestattet und damit die Weiterreise in die BRD ermöglicht werden, was im Widerspruch zu den Verträgen zwischen der DDR und Ungarn stand.

Otto von Habsburg, der Sohn des letzten österreichischen Kaisers und Europa-Abgeordneter der CSU, wurde Schirmherr der Veranstaltung. Damit wurde dem Westen von den Sowjets ein PR-Thema direkt vor die Füße gelegt. Der Westen griff es dankbar auf. Moskau hoffte, das Thema Vorbereitung der Ungültigkeitserklärung der Verträge von 1939 weitestgehend unbemerkt unter dem internationalen Aufmerksamkeitsradar durchfliegen zu lassen.

So wurde am Samstag, den 19. August 1989 die Grenze bei Sopron außerhalb eines Grenzübergangs für das Picknick geöffnet, einen Tag vor dem ungarischen Nationalfeiertag.

Der Ablauf ist in Teil I, Kapitel 2 beschrieben. Damit war es den Medien im Westen möglich mehrere Tage über die Vorbereitung des Picknicks, die Massenflucht von etwa 500 Ostdeutschen und die Reaktionen in der DDR zu berichten. Die Titelstory des SPIEGEL für die Woche vom 14.–20. August lautete zufälligerweise: Explodiert die DDR? – Massenflucht aus Honeckers Sozialismus. Das Picknick und die nachfolgende Berichterstattung ermöglichten es dann den Sowjets ohne Furcht vor westlichen medialen Attacken, im Baltikum durch Aktionen die geplante Nichtigkeitserklärung des Hitler-Stalins-Paktes vorzubereiten.

Dazu gehörten zahlreiche Veranstaltungen und eine Veröffentlichung der Geheimprotokolle in einer baltischen Zeitung. Am Mittwoch, den 23. August gedachten in den baltischen Sowjetrepubliken Estland, Lettland und Litauen viele Hunderttausend Bürger der Verbrechen und Toten, die das Ergebnis der Umsetzung des Hitler-Stalin-Paktes waren. Eine Menschenkette von über zwei Millionen Menschen verband auf über 600 km die drei Länder. **Link-33**

In der westdeutschen Medienberichterstattung hatte in der folgenden Woche das Thema Picknick bei Sopron und der daraufhin anschwellende Reiseverkehr aus der DDR nach Ungarn einen ungleich höheren Stellenwert als Informationen zum Gedenken im Baltikum an den 50. Jahrestag des Hitler-Stalin-Paktes.

Der DDR liefen gerade die Menschen weg, im Baltikum bahnte sich die Abspaltung von der Sowjetunion an – und das SED-Zentralorgan Neues Deutschland titelte in Ostberlin wie folgt:
23.08.1989: *„Beziehungen DDR und Rumänien sind von Freundschaft geprägt"*
24.08.1989: *„Bauarbeiter wetteifern um Termintreue und Qualität"*
25.08.1989: *„Alles dafür tun, den Frieden zu erhalten"*

Allerdings erschien am 24. August auf Seite 5 ein kurzer Artikel unter der Überschrift: *„Prawda verurteilt separatistische Bestrebungen von Sajudis-Führern"*. Aus dem Beitrag wird aber nicht klar, worum es im Baltikum geht. Die Menschenkette wurde nicht erwähnt.

So begann im Sommer 1989 in den baltischen Staaten der UdSSR die breite öffentliche Diskussion um den Nichtangriffs-Pakt, den Freundschaftsvertrag und ihre Geheimprotokolle. Von Anfang an wurden Forderungen zur Erklärung der Nichtigkeit erhoben und erreichten dann im Herbst ihren Höhepunkt. Die Volksdeputierten wurden so gezwungen zu handeln.

Der 2. Volksdeputiertenkongress fand vom 12.–24.12.1989 statt. Diskussion und Ungültigkeitserklärung der deutsch-sowjetischen Verträge von 1939 erfolgten am Samstag/Sonntag 23/24.12.1989, keine sieben Wochen nach dem Mauerfall in Berlin.

Das Neue Deutschland berichtete dann am 28.12.1989 auf Seite 5 kurz über den Volksdeputiertenkongress: *„Die darin festgeschriebene Einteilung von Interessensphären der UdSSR und Deutschlands hätten im Widerspruch zur Souveränität und Unabhängigkeit einer Reihe von Drittstaaten gestanden."*

Natürlich folgte die Ergänzung, dass daran Stalin schuld war und Leninsche Prinzipien verletzt hatte. Bemerkenswert, dass nur 1.432 der Abgeordneten zustimmten, das waren 73,5%. 252 votierten dagegen, und es enthielten sich 264 der Stimme. Ein Viertel der Volksdeputierten waren offenbar noch sehr stalinistisch geprägt.

Auch der gewählte Zeitpunkt der Diskussion der Ungültigkeitserklärung auf dem Volksdeputiertenkongress deutet auf ein Wahrnehmungskonzept hin: Samstag 23. und Sonntag 24. Dezember – da nun wegen des katholischen und evangelischen Weihnachten weniger Aufmerksamkeit in Europa und den USA gegeben war. Hinzu kam, dass Montag, der 1. Januar der Neujahrsfeiertag war und am Samstag, dem 6. Januar das russisch-orthodoxe Weihnachtsfest gefeiert wurde und danach am Samstag, dem 13. Januar das Neujahrsfest nach dem alten Kalender (stari novy god). Damit war, wie schon geschildert, durch Feiertage und Brückentage der öffentliche Dienst in der UdSSR durch viele Urlauber eingeschränkt und es hätte sich niemand gefunden, der auf unangenehme Fragen westlicher Journalisten oder Politiker geantwortet hätte. Bis in die erste Januarwoche war auch der westliche Politikbetrieb wegen der Feiertage weitgehend stillgelegt.

Nach erfolgter Nichtigkeitserklärung der Verträge und einer kurzen Pause aufgrund der Feiertage gab dann Gorbatschows Berater Portugalow (zum Abschluss einer Rundreise durch die DDR) in einem Interview am Mittwoch, den 24. Januar in der BILD-Zeitung den Auftakt für den Beginn der öffentlichen Diskussion der deutschen Einheit. Sein Credo:

Die Sowjetunion hat nichts gegen die deutsche Einheit, sie wird nicht intervenieren.

Damit beherrschte ein neues Thema die internationalen Schlagzeilen und niemand fragte mehr nach den Verträgen aus Stalins Zeiten.

Dieses Credo führte dann drei Wochen später – am 13. Februar 1990 auf einer Tagung in Ottawa – zur Bekanntmachung der vier Alliierten und beider deutscher Staaten zur Aufnahme von Verhandlungen über den zukünftigen Status Deutschlands. Alles passierte wie im Galopp und niemand dachte damals an ein offenbar langfristig geplantes Szenario der Sowjets, die auf der Bühne der Weltöffentlichkeit das Spiel „good guy – bad guy" spielten und sich erst vom Westen zur Zustimmung zur deutschen Einheit „überzeugen" ließen.

Offiziell ging es in der Sitzung des Volksdeputierten-Kongresses am 24.12.1989 um das Baltikum (die sowjetischen Republiken Estland, Lettland und Litauen) und der Volksdeputierte Vytautas Landsbergis (später Staatsoberhaupt Litauens) forderte medienwirksam, den 1940 erfolgten Anschluss des Baltikums an die UdSSR für ungesetzlich zu erklären.

Link-29

Die Geheimprotokolle betrafen aber auch die Änderung der sowjetisch-deutschen Grenzziehung. War noch im Neutralitätsvertrag vom August 1939 die Grenze des Deutschen Reichs zwischen Litauen (das zur deutschen Einflusssphäre gehörte) und der Sowjetunion festgelegt worden, so wurde durch die Einbeziehung Litauens in die UdSSR im Grenz- und Freundschaftsvertrag vom September 1939 die Staatsgrenze Deutsches Reich–UdSSR zwischen Litauen und dem Königsberger Gebiet fixiert.

So konnte mit der „Erklärung zur Nichtigkeit der Abkommen von Anfang an" vom 24.12.1989 dieses Problem für die deutsche Einheit unauffällig gelöst werden und dem Abschluss des Deals der Alliierten und des 2+4-Vertrages stand dann nichts mehr im Wege.

Man beachte die parallele Zeitabfolge dieser Ereignisse 1989/90. Für mich auch Indiz einer strategischen Planung. Die Sowjetunion hatte es eilig; die innere politische, soziale und wirtschaftliche Lage verschlechterte sich.

Politisches Ziel der UdSSR 1989/90

1. Aufgabe der DDR (nach erfolgtem Mauerfall), danach der sozialistischen Länder Osteuropas
2. Bestätigung der schon 1946 erfolgten Eingliederung Königsbergs in das UdSSR-Staatsgebiet durch die West-Alliierten

Monat	Komplex Mauerfall	Komplex Geheimprotokolle 1939
Start April 89	Aussetzung Schießbefehl DDR-Westgrenze	Nichtangriffspakt und Grenz- und Freundschaftsvertrag kommen auf Themenliste des Volksdeputierten-kongresses (VDK)
Mai bis Okt. 89	Ungarn: Beginn d. Abbaus der Grenzanlagen, Picknick am 19.08. Grenzöffnung und Kündigung des Sicherheitsabkommens mit der DDR. Zunehmende Ausreisen über ČSSR. 18.10.: Ablösung Honeckers durch Krenz in Abstimmung mit Moskau	Mai: VDK erörtert erstmals das Thema. Veröffentlichung der Protokolle. Öffentliche Diskussion. 23.8.: Gedenkveranstaltungen zum 50. Jahrestag des Pakts
Nov. 89	9.11.: Mauerfall nach KGB-Drehbuch	2. VDK vom 12.–24.12. einberufen
Dez. 89	Ablösung Krenz, 1. Übergangs-regierung. Im Jahr 1989 verließen etwa 350.000 Bürger die DDR.	2. VDK erklärt Nichtigkeit der Verträge und Protokolle von 1939 von Anfang an.
Jan. bis März 90	24.01.: Gorbatschow-Berater Portugalow: *UdSSR hat nichts gegen deutsche Einheit.* 13.2.: Alliierte beschließen 2+4-Verhandlungen 18.3.: Volkskammerwahl	Die baltischen Staaten diskutieren Austritt aus der UdSSR. März: Litauen erklärt seine Unabhängigkeit
Mai bis Okt. 90	1. Sitzung der 2+4-Gruppe 1.7.: Wirtschafts- und Währungsunion 2+4-Vertrag unterzeichnet	Mai: Estland und Lettland erklären Unabhängigkeit
Ende	**3.10.: Deutsche Einheit vollzogen**	

Diese Nichtigkeitserklärung vom 24.12.1989 war der Startschuss für die Auflösung der Sowjetunion zwei Jahre später. Die baltischen Länder begannen sofort ihre Unabhängigkeit einzufordern. Litauen erklärte sich schon am 11. März 1990 für unabhängig. Lettland und Estland folgten im Mai 1990. Nach Vollzug der Unabhängigkeit, kurz nach dem Putschversuch in Moskau vom August 1991, erkannte die EU sofort die baltischen Länder an.

Im Dezember 1991 löste sich dann die UdSSR auf.

In der deutschen Geschichtsschreibung wird dieser Zusammenhang nicht thematisiert:

Mauerfall + Nichtigkeitserklärung der Verträge = deutsche Einheit.

Auch der Zerfall der Sowjetunion ist aufgrund der, wegen dieser Nichtigkeitserklärung erfolgten Unabhängigkeitserklärungen sowjetischer Republiken, kein Thema. Im Mittelpunkt der amtlichen deutschen Geschichtsdarstellung standen und stehen noch heute Aktionen von Bürgern seit 1986, die zur Wende führten – in der DDR wie im Baltikum. Eine Beschreibung der Unabhängigkeit des Baltikums – herausgegeben von der Bundeszentrale für politische Bildung am 03.05.2010 – kommt ohne die Information zum Volksdeputiertenkongress und dessen Nichtigkeitserklärung der deutsch-sowjetischen Verträge nebst Geheimprotokollen von 1939 aus. Eine Light-Version deutscher Geschichtsschreibung? **Link-34**

Erst die Bereitschaft der Sowjetunion zur Klärung der deutschen Frage gab den Balten ihre Unabhängigkeit. Es dürfte der Führungsspitze der Sowjetunion klar gewesen sein, welche Konsequenzen das haben würde, aber die Beendigung des kostenintensiven Kalten Krieges, das Abwerfen der Last „sozialistische Länder" und die Rückkehr in die Weltwirtschaft waren der Führung unter Gorbatschow mehr Wert, als die drei baltischen Länder weiter im Verbund der UdSSR zu behalten.

Interessant ist auch diese vom Spiegel am 21.05.2010 publizierte Information zu einem Angebot eines UdSSR-Generals an den Leiter der politischen Abteilung der deutschen Botschaft in Moskau vom Juli 1990, auch das Gebiet um Königsberg und Umgebung mit in die Verhandlungen zur deutschen Einheit einzubeziehen. Dieses Angebot muss im Zusammenhang mit der – wenige Wochen vorher – erklärten Unabhängigkeit der baltischen Staaten gestanden haben, wodurch die Sowjetunion keinen Landzugang mehr zu Kaliningrad hätte und die Stadt eine Exklave der russischen Sowjetrepublik und damit der Sowjetunion werden würde.

Die Antwort des Beamten: *„Bei der Vereinigung gehe es um die Bundes-republik Deutschland, die DDR und das ganze Berlin." Wenn die Sowjet-union „Probleme mit der Entwicklung des nördlichen Ostpreußens habe, so sei das ihre Sache".* **Link-35**

Fazit

Mit Änderung des Grundgesetzes am 23.09.1990 wurde in der Präam-bel festgestellt, dass die Einheit Deutschlands vollendet sei. Das von der UdSSR treuhänderisch und nur zeitweilig verwaltete deutsche Königs-berg war davon nicht betroffen.

Der Deal der Westalliierten mit der Sowjetunion war vollzogen. Die UdSSR hatte die Integration Königsbergs 1946 in ihr Staatsgebiet von den Westalliierten nunmehr bestätigt bekommen und der Westen (die Bun-desrepublik) hatte dafür die DDR – die frühere sowjetische Besatzungs-zone – erhalten. Ein Gebietstausch, wie er in der deutschen Geschichte schon immer üblich war. Seit dem Westfälischen Frieden war geregelt, dass die ortsansässige Bevölkerung den Glauben des neuen Herrschers annimmt.

Wie Wahlergebnisse 30 Jahre später zeigen, verfestigt sich in den ost-deutschen Bundesländern der Widerstand gegen die Übernahme des neuen Glaubens.

Im internationalen Handel werden Verträge nach einem bestimmten Modus abgewickelt. Banken weisen Zahlungen nur gegen Vorlage „zah-lungsauslösender Dokumente" an – wie beispielsweise von Versand-dokumenten eines Lieferanten.

Der Fall der Mauer und die Abwahl der Kommunisten im März 1990 war zahlungsauslösend für die Westalliierten – die Sowjetunion hatte geliefert. Der Kaliningrader Status wurde der Sowjetunion stillschwei-gend bestätigt.

Damit wurden dann bis zum Jahr 1991 sowohl 2. Weltkrieg, Kalter Krieg in Europa, aber auch das Experiment der Ausgliederung der UdSSR und der Ostblock-Länder aus der Weltwirtschaft beendet [Stichworte: Außenhandelsmonopol und nicht konvertible Währung].

Ab 1992 führten Russland und die osteuropäischen Länder offiziell die Marktwirtschaft ein. Die Globalisierung konnte beginnen.

Die Nichtigkeitserklärung beider Verträge von 1939 am 24.12.1989 durch den Volksdeputiertenkongress wird von der deutschen Geschichtsschreibung kaum erwähnt, ebenso wenig der Status Königsbergs. Damit gibt es keine Gleichzeitigkeit zum Mauerfall und so kann auch keine Kausalität vermutet werden.

Anlage 1

4   Reichsgesetzblatt, Jahrgang 1940, Teil II

Deutsch-sowjetischer Grenz- und Freundschaftsvertrag	**Германо-Советский договор о дружбе и границе между СССР и Германией**

Die Deutsche Reichsregierung und die Regierung der UdSSR betrachten es nach dem Auseinanderfallen des bisherigen Polnischen Staates ausschließlich als ihre Aufgabe, in diesen Gebieten die Ruhe und Ordnung wiederherzustellen und den dort lebenden Völkerschaften ein ihrer völkischen Eigenart entsprechendes friedliches Dasein zu sichern. Zu diesem Zwecke haben sie sich über folgendes geeinigt:

Правительство СССР и Германское Правительство после распада бывшего Польского государства рассматривают исключительно как свою задачу восстановить мир и порядок на этой территории и обеспечить народам, живущим там, мирное существование, соответствующее их национальным особенностям. С этой целью они пришли к соглашению в следующем:

Artikel I

Die Deutsche Reichsregierung und die Regierung der UdSSR legen als Grenze der beiderseitigen Reichsinteressen im Gebiete des bisherigen Polnischen Staates die Linie fest, die in der anliegenden Karte eingezeichnet ist und in einem ergänzenden Protokoll näher beschrieben werden soll.

Статья I

Правительство СССР и Германское Правительство устанавливают в качестве границы между обоюдными государственными интересами на территории бывшего Польского государства линию, которая нанесена на прилагаемую при сем карту и более подробно будет описана в дополнительном протоколе.

Artikel II

Beide Teile erkennen die in Artikel I festgelegte Grenze der beiderseitigen Reichsinteressen als endgültig an und werden jegliche Einmischung dritter Mächte in diese Regelung ablehnen.

Статья II

Обе Стороны признают установленную в статье I границу обоюдных государственных интересов окончательной и устранят всякое вмешательство третьих держав в это решение.

Artikel III

Die erforderliche staatliche Neuregelung übernimmt in den Gebieten westlich der in Artikel I angegebenen Linie die Deutsche Reichsregierung, in den Gebieten östlich dieser Linie die Regierung der UdSSR.

Статья III

Необходимое государственное переустройство на территории западнее указанной в статье I линии производит Германское Правительство, на территории восточнее этой линии — Правительство СССР.

Artikel IV

Die Deutsche Reichsregierung und die Regierung der UdSSR betrachten die vorstehende Regelung als ein sicheres Fundament für eine fortschreitende Entwicklung der freundschaftlichen Beziehungen zwischen ihren Völkern.

Статья IV

Правительство СССР и Германское Правительство рассматривают вышеприведенное переустройство как надежный фундамент для дальнейшего развития дружественных отношений между своими народами.

Artikel V

Dieser Vertrag wird ratifiziert und die Ratifikationsurkunden werden sobald wie möglich in Berlin ausgetauscht werden. Der Vertrag tritt mit seiner Unterzeichnung in Kraft.

Статья V

Этот договор подлежит ратификации. Обмен ратификационными грамотами должен произойти возможно скорее в Берлине.

Договор вступает в силу с момента его подписания.

Ausgefertigt in doppelter Urschrift in deutscher und russischer Sprache.

Составлен в двух оригиналах, на немецком и русском языках.

Moskau, den 28. September 1939.

Москва, 28 сентября 1939 года.

Für die Deutsche Reichsregierung
von Ribbentrop

По уполномочию Правительства СССР
В. Молотов

In Vollmacht der Regierung der UdSSR
W. Molotow

За Правительство Германии
von Ribbentrop

91

Geheimes deutsch-sowjetischen Zusatzprotokoll (Protokoll zwei von insgesamt zwei Protokollen)

Die unterzeichneten Bevollmächtigten stellen das Einverständnis der Deutschen Reichsregierung und der Regierung der UdSSR über folgenden fest:

Das am 23. August 1939 unterzeichnete geheime Zusatzprotokoll wird in seiner Ziffer 1 dahin abgeändert, dass das Gebiet des litauischen Staates in die Interessensphäre der UdSSR fällt, weil andererseits die Wojewodschaft Lublin und Teile der Wojewodschaft Warschau in die Interessensphäre Deutschlands fallen (vgl. die Karte zu dem unterzeichneten Grenz- und Freundschaftsvertrags). **Sobald die Regierung der UdSSR auf litauischen Gebiet zur Wahrnehmung ihrer Interessen besondere Maßnahmen trifft,** wird zum Zwecke einer natürlichen und einfachen Grenzziehung die gegenwärtige deutsch-litauische Grenze dahin rektifiziert, dass das litauische Gebiet, das südwestlich der in der anliegenden Karte eingezeichneten Linie liegt, an Deutschland fällt.

Ferner wird festgestellt, dass die in Geltung befindlichen wirtschaftlichen Abmachungen zwischen Deutschland und Litauen durch die vorstehend erwähnten Maßnahmen der Sowjetunion nicht beeinträchtigt werden sollen.

Für die Deutsche Reichsregierung: v. Ribbentrop

In Vollmacht der Regierung der UdSSR: W. Molotow

Moskau, den 28. September 1939

(Hervorhebungen durch den Autor)
https://www.1000dokumente.de/index.html?c=dokument_ru&dokument=0027_gre&object=translation&st=&l=de

Anlage 2

VDK Beschluss 24.12.1989
https://www.lawmix.ru/docs_cccp/1241

KONGRESS DER VOLKSDEPUTIERTEN DER SOWJETUNION
BESCHLUSS Nr. 979-1 VOM 24. Dezember 1989
ÜBER DIE POLITISCHE UND RECHTLICHE BEWERTUNG DES NICHTANGRIFFSVERTRAGES ZWISCHEN DEUTSCHLAND UND DER UNION DER SOZIALISTISCHEN SOWJETREPUBLIKEN VON 1939

1. Der Kongress der Volksdeputierten der Sowjetunion nimmt die Schlussfolgerungen der Kommission für politische und rechtliche Bewertung des Nichtangriffsvertrages zwischen Deutschland und der Union der Sozialistischen Sowjetrepubliken vom 23. August 1939 zur Kenntnis.

2. Der Kongress der Volksdeputierten der Sowjetunion stimmt mit der Meinung der Kommission überein, dass der Nichtangriffsvertrag mit Deutschland in einer kritischen internationalen Situation geschlossen wurde, unter wachsender Gefahr einer Aggression des Faschismus in Europa und des japanischen Militarismus in Asien, und unter anderem darauf abzielte, von der UdSSR die drohende Gefahr eines bevorstehenden Krieges abzuwenden. Letztendlich wurde dieses Ziel nicht erreicht, und die Fehleinschätzungen im Zusammenhang mit den vorhandenen Verpflichtungen Deutschlands gegenüber der UdSSR verschärften die Folgen der arglistigen nazistischen Aggression. Zu diesem Zeitpunkt stand das Land vor einer schwierigen Entscheidung.

Die Vertragsverpflichtungen traten unmittelbar nach seiner Unterzeichnung in Kraft, obwohl der Vertrag selbst der Genehmigung durch den Obersten Sowjet der UdSSR unterlag. Das Ratifizierungsbeschluss wurde am 31. August in Moskau verabschiedet, und der Austausch von den Ratifizierungsurkunden fand am 24. September 1939 statt.

3. Der Kongress ist der Ansicht, dass der Vertragsinhalt nicht völkerrechtswidrig war und der für diese Art von Regelung getroffenen Vertragspraxis der Staaten entsprach. Sowohl zum Zeitpunkt des Vertrags-

abschlusses als auch im Laufe seiner Ratifizierung wurde jedoch die Tatsache geheim gehalten, dass gleichzeitig mit diesem Vertrag ein „geheimes Zusatzprotokoll" unterzeichnet wurde, das die „Interessensphären" der Vertragsparteien von der Ostsee bis zum Schwarzen Meer, von Finnland bis Bessarabien abgrenzte.

Die Originale des Protokolls wurden weder in sowjetischen noch in ausländischen Archiven gefunden. Die graphologische, fototechnische und lexikalische Prüfung von Kopien, Karten und anderen Urkunden sowie die Übereinstimmung der späteren Ereignisse mit dem Inhalt des Protokolls bestätigen jedoch die Tatsache seiner Unterzeichnung und Existenz.

4. Hiermit bestätigt der Kongress der Volksdeputierten der Sowjetunion, dass der Nichtangriffsvertrag vom 23. August 1939 sowie der am 28. September desselben Jahres geschlossene deutsch-sowjetische Grenz- und Freundschaftsvertrag und andere deutsch-sowjetische Abkommen – in Übereinstimmung mit dem Völkerrecht – zum Zeitpunkt des Angriffs Deutschlands auf die UdSSR, das heißt am 22. Juni 1941, **null und nichtig wurden.**

5. Der Kongress stellt fest, dass das Protokoll vom 23. August 1939 sowie andere Geheimprotokolle, die 1939–1941 mit Deutschland unterzeichnet wurden, sowohl hinsichtlich ihrer Erstellungsmethode als auch ihres Inhalts eine Abweichung von den leninistischen Prinzipien der sowjetischen Außenpolitik darstellten. Die vorgenommene Abgrenzung von den „Interessensphären" der UdSSR und Deutschlands und andere Handlungen standen aus rechtlicher Sicht im Widerspruch zur Souveränität und Unabhängigkeit mehrerer Drittstaaten.

Der Kongress weist darauf hin, dass die Beziehungen der UdSSR zu Lettland, Litauen und Estland zu jener Zeit durch ein Vertragssystem geregelt wurden. Gemäß den Friedensverträgen von 1920 und den Nichtangriffsverträgen von 1926–1933 verpflichteten sich die Parteien, die jeweilige Souveränität, territoriale Integrität und Unverletzlichkeit unter allen Umständen zu respektieren. Die Sowjetunion hatte ähnliche Verpflichtungen gegenüber Polen und Finnland.

6. Der Kongress stellt fest, dass die Verhandlungen mit Deutschland über Geheimprotokolle von Stalin und Molotow vor dem sowjetischen Volk, dem Zentralkomitee der Kommunistischen Partei der Bolschewiki und der gesamten Partei, dem Obersten Sowjet und der Regierung der UdSSR, heimlich geführt wurden. Diese Protokolle wurden aus den Ratifizierungsverfahren zurückgezogen. Somit stellte die Entscheidung, sie zu unterzeichnen, in Inhalt und Form eine Handlung persönlicher Macht fest und spiegelte in keiner Weise den Willen des sowjetischen Volkes wider, das keine Verantwortung für diese Verschwörung trägt.

7. Der Kongress der Volksdeputierten der Sowjetunion verurteilt den Tatbestand der Unterzeichnung vom „geheimen Zusatzprotokoll" vom 23. August 1939 und anderer geheimer Abkommen mit Deutschland. Der Kongress erklärt geheime Protokolle ab dem Zeitpunkt ihrer Unterzeichnung für rechtlich ungültig und nichtig.

Die Protokolle schufen zwar keinen neuen rechtlichen Rahmen für die Beziehungen zwischen der Sowjetunion und den Drittstaaten, wurden von Stalin und seinem Gefolge jedoch dazu benutzt, gegenüber anderen Staaten Ultimaten zu stellen und unter Verletzung ihrer rechtlichen Verpflichtungen gewaltsamen Druck auf diese auszuüben.

8. Der Kongress der Volksdeputierten der Sowjetunion geht davon aus, dass die Erkenntnis von der komplexen und widersprüchlichen Vergangenheit Teil des Perestroika-Prozesses ist, der darauf abzielt, jedem Volk der Sowjetunion die Möglichkeit einer freien und gleichberechtigten Entwicklung in einer ganzheitlichen, ineinandergreifenden Welt zu bieten und die gegenseitige Verständigung zu erweitern.

Vorsitzender
des Obersten Sowjets der UdSSR
MICHAIL GORBATSCHOW

Anlage 3

Anmerkung des Autors:
Der aufmerksame Leser reibt sich die Augen und fragt sich: Wenn es klar ist (wie in Punkt 4 festgestellt), **dass beide Verträge mit dem deutschen Einmarsch in die Sowjetunion am 22.Juni 1941 nach Völkerrecht ungültig wurden,** warum war dann dieser Beschluss notwendig? So steht die Frage im Raum: Waren die Verträge aus Sicht der sowjetischen Führung etwa doch noch gültig? Oder gab es einen anderen Grund? Wenn ja, welchen?

Da Deutschland den Krieg verlor, von Mai 1945 bis September 1949 als Staat nicht existierte, danach 40 Jahre in zwei Staaten und über 45 Jahre militärisch von den Alliierten besetzt war, stellte sich in der Vergangenheit die Frage nach einer Gültigkeit der Verträge nicht.

Aber warum hielt man es dann erst 1989 für nötig – 44 Jahre nach Kriegsende und 45 Tage nach Berliner Mauerfall – die Verträge für null und nichtig zu erklären? Gab es zur Gültigkeit der Verträge zwischenzeitlich andere juristische Auffassungen?

Oder wurde der Beschluss inszeniert, um ein kommendes Ereignis vorzubereiten? War die geplante deutsche Einheit der Auslöser? Warum die blumigen Worte in Punkt 8?

Sollten wir den Beschluss-Text als das Ergebnis eines Wahrnehmungsmanagements lesen?

Warum musste man die, von der sowjetischen Führung 50 Jahre aus gutem Grund geheim gehaltenen Protokolle dieser Verträge nach dem Mauerfall (und vor der deutschen Einheit) veröffentlichen und damit ein hohes Risiko eingehen?

Nach Auskunft des Politischen Archivs des Auswärtigen Amtes vom 5. März 2021 befindet sich die „Beschreibung des Verlaufs der Staatsgrenze der UdSSR und der Staats- und Interessengrenze Deutschlands" nicht im Bestand.

Als am 23.12.1989 auf dem 2. Volksdeputiertenkongress in Moskau über die Verträge und Geheimprotokolle von 1939 diskutiert wurde, fehlte ein Hinweis auf das Zusatzprotokoll, welches den Grenzverlauf beschrieb. Der Diskussionsverlauf zeigte, dass die Delegierten mit Unverständnis auf die gewünschte Annullierung der Verträge und Protokolle reagierten. Warum sollte man diese jetzt, nach 50 Jahren Existenz, für ungültig erklären?

Verfolgt man die Aufzeichnungen Lew Besymenskis **Link-29** so war am Abend des 23.12.1989 die Annahme der Ungültigkeitserklärung am nächsten Tag nicht sicher.

Ein Delegierter fragte, warum man schreibe, dass keine Originale der Geheimprotokolle gefunden wurden, aber von den Delegierten fordere, diese Geheimprotokolle für ungültig zu erklären?

Eine kognitive Dissonanz – aus diesem Grund lehnte eine Mehrheit der Delegierten den Entwurf ab. Warum sollte man die Verträge ohne Beweise der Existenz von Geheimprotokollen verurteilen? Besymenski schreibt: *„Neben Lukjanow saß mit versteinertem Gesicht Michail Gorbatschow."* **Link-29**

Nun mussten die Verantwortlichen am 24.12. tiefer in die Tasche greifen und weitere Dokumente vorlegen um die Delegierten zur Zustimmung zu bewegen. Die Verantwortlichen für den Kongress waren zu diesem Zeitpunkt nicht im Besitz der Originale der Geheimprotokolle, sie lagen noch im Archiv. Heute würde man sagen, dass der „tiefe Staat" die Herausgabe verhindert hatte.

Am 24.12. berichtete dann Politbüro-Mitglied Alexander Jakowlew, dass man im Archiv sowjetische Dokumente gefunden habe, die die Existenz der Geheimprotokolle bestätigten. Der damalige sowjetische Außenminister Molotow hatte 1946 die Originale dem Sonder-Archiv des Außenministeriums entnommen und es war darüber ein Protokoll angefertigt worden.

Der weitere Verbleib der Protokolle war unbekannt.

Damit hatten diejenigen, die 1989 über die Nicht-Herausgabe der Originale der Geheimprotokolle und anderen Protokolle aus den Moskauer Archiven entschieden hatten, dem Kongress unangenehme Fragen zu einer möglichen Verbindung zum Mauerfall erspart und vorsorglich nach dem Vollzug der deutschen Einheit ein kritisches Hinterfragen von Historikern weltweit verhindert. Es wäre sonst der „missing link" zum Nachweis der sowjetischen Urheberschaft des Berliner Mauerfalls als Vorbedingung für die deutsche Einheit gewesen.

Deshalb hatte man die Originale der Geheimprotokolle Ende 1989 noch nicht „gefunden".

Boris Jeltzin legte 1992 die Originale der Geheimprotokolle und Zusatzprotokolle vor, die ihm Michail Gorbatschow bei der Amtsübergabe ausgehändigt hatte. Erst nach vollzogener deutscher Einheit und dem Ende der Sowjetunion war man bereit, sie zu veröffentlichen!

Die russischen Politiker können auch heute noch mit der Veröffentlichung der Geheimprotokolle und Zusatzprotokolle spielen, da bisher *keine abschließende Aufzählung aller Dokumente* der deutsch-sowjetischen Verträge von 1939 veröffentlicht wurde.

Aus meiner Sicht war Ende 1989 die Ungültigkeitserklärung der Verträge von 1939 die wichtigste Vorbedingung für die offizielle Bekanntmachung der sowjetischen Zustimmung am 24. Januar 1990 in der BILD Zeitung zur sowjetischen Bereitschaft zur Aufnahme von Verhandlungen zur deutschen Einheit.

Einzig und allein die Furcht, dass im Falle einer weiteren Gültigkeit der Verträge mit ihren geheimen und Zusatzprotokollen die Deutschen später einmal Stadt und Gebiet Königsberg zurückfordern könnten, stand hinter dem Beschluss. Die im Artikel 8 der 2. Delegiertenkonferenz genannten Gründe sind ein Nebelvorhang, um jeden anderen Gedanken abzublocken.

Anlage 4

Im russischen Internet kann man zwei Beispiele militärischen Schriftverkehrs in Umsetzung des Zusatzprotokolls finden:

Auszug aus der „Beschreibung der Staatsgrenze zwischen der Union der Sozialistischen Sowjetrepubliken und Deutschland nach dem Zusatzprotokoll zum deutsch-sowjetischen Vertrag vom 28. September 1939 in Abschnitt 88 der Grenzabteilung im 4. Kommandantenbüro" 05.10.1939

Von hier aus verläuft die Grenze in südöstlicher Richtung entlang einer geraden Fanglinie bis zu einem Punkt am Fluss WESTLICHER BUG, etwa 1500 Meter östlich des Randes des Dorfes NADBUZHNE.

Von hier aus verläuft die Grenze entlang des Flusses WESTLICHER BUG bis zur Mündung des Flusses SOLOKIYA.

Hinweis: Bei nicht schiffbaren Flüssen und Bächen verläuft die Grenze in der Mitte des Hauptastes. Auf schiffbaren Flüssen verläuft die Grenze in der Mitte der Fahrrine.

Chef der Grenztruppen des NKWD der UdSSR, Divisionskommandeur Sokolov
Oberassistent des Chefs von Abschnitt 1, Oberleutnant [unleserliche Unterschrift]
Dieser Text ist ein einleitendes Fragment.
Findbuch im Archiv РГВА ф.41269 оп.1 д.1 л.3.
http://rgvarchive.ru/

Setzen des Grenzzeichens Nr. III /56 an der Staatsgrenze der UdSSR und der Staatsgrenze sowie der Grenze deutscher Interessen
5K Nr. 34-130-V-v

Zementsäule Nr. 1, etwa 770 m südwestlich des Dorfrandes. Tonkele und 210 m westlich der Abgrenzungssäule der UdSSR.

Nr. 2 Zementsäule Nr. 154, etwa 815 m südlich des südöstlichen Randes des Dorfes Tonkele und 34,0 m südöstlich der Grenzsäule der UdSSR.

Baum Nr. 3, ca. 820 m südlich des südöstlichen Randes des Dorfes. Tonkele und 91,0 m nordöstlich der Grenzsäule der UdSSR.

4 Ein verzweigter Baum, etwa 400 m südöstlich der Franopolis-Farm und 394,0 m nordwestlich der deutschen Grenzsäule.

5 Das Kreuz befindet sich in der Nähe der Straße, etwa 300 m südöstlich der Franopolis-Farm und 802 m nordwestlich der deutschen Grenzsäule. Der Abstand zwischen den Grenzsäulen beträgt 144,0 m.

Der Abstand zur Mitte des Fahrrinne in der Ausrichtung des Grenzpfostens beträgt 100,0 m vom Grenzpfosten der UdSSR.

1939/1940
Findbuch im Archiv: РГВА ф.41269 оп. 1 д.1 л.49.
http://rgvarchive.ru/

Teil II
Warum die Mauer fallen musste

1. 1968: Breschnew-Doktrin und zunehmende innere Probleme der UdSSR und des Ostblocks

Acht Jahre nach der Anweisung zum Mauerbau an die DDR-Führung setzte die Sowjetunion ein weiteres Mal ihren Führungsanspruch durch und glaubte, dem Westen mit dem Einmarsch in die Tschechoslowakei am 21. August 1968 Stärke zu zeigen. Die Prager Parteiführung hatte einen Kurs eingeschlagen, der Moskau nicht gefiel. Man wollte die Parteilinie mit neuen Leuten korrigieren und für alle anderen Länder des Warschauer Paktes eine Abschreckung demonstrieren. Der Westen sah ohne nennenswerte Reaktionen zu.

Im November 1968 rechtfertigte der sowjetische Parteichef Breschnew den Einmarsch in der Tschechoslowakei nachträglich, indem er erklärte, dass die Souveränität der einzelnen Staaten ihre Grenze an den Interessen der sozialistischen Gemeinschaft findet.

Die Doktrin der beschränkten Souveränität der sozialistischen Länder wurde nach Breschnew benannt und galt bis zum Amtsantritt Gorbatschows 1985. Ideologischer Hintergrund war der Anspruch der Führerschaft der UdSSR in der sozialistischen Weltrevolution. In der Propaganda wurde das bezeichnet: *„Unter Führung der ruhmreichen kommunistischen Partei der Sowjetunion"*.

Für die Idee des Sozialismus in Europa war dieser Einmarsch nach dem Aufstand vom 17. Juni 1953 in der DDR, den Ereignissen in Ungarn 1956 und dem Mauerbau in Berlin 1961 ein weiterer Sargnagel.

Der Verfall des Sozialismus verstärkte sich nun schleichend im Innern, aufgrund der schlechten Lebensbedingungen und gefördert durch die westliche Politik der Aufrüstung und durch Medienpräsenz. Westfernsehen konnte in weiten Teilen der DDR empfangen werden, nur Dresden und die Insel Rügen blieben ein „Tal der Ahnungslosen". Andererseits kam nun, wie von Kwizinskij beschrieben, Bewegung in die Ost-West-Politik. Der Westen hatte verstanden, dass das sozialistische System nur mit Gewalt durch Moskau zusammengehalten wurde. Man musste anders herangehen.

Resultate waren der Vertrag der Bundesrepublik mit der UdSSR 1970 und das Vierseitige Abkommen zu Berlin, sowie das Transitabkommen DDR/BRD 1971.

1975 wurde auf der Konferenz für Sicherheit und Zusammenarbeit in Europa die Schlussakte von Helsinki unterzeichnet. Wichtigste Ergebnisse waren:

- Anerkennung des Status quo der politischen Grenzen in Europa
- Einhaltung der Menschenrechte und Ausweitung der Kontakte

In der Schlussakte waren regelmäßige Überprüfungen der vereinbarten Ergebnisse vorgesehen. Die Sowjetunion verfolgte bei der Zwischenabrechnung ihre eigenen Ziele, die sozialistischen Länder mussten sich unterordnen, was für die DDR zunehmend zum Problem wurde.

Im Nachfolgetreffen von Madrid 1980–1983 gaben die Sowjets im Korb III Menschenrechte nach, um die Abrüstung zu forcieren. Dadurch stieg der Ausreisedruck in der DDR und bis Ende 1984 konnten 48.400 Personen dauerhaft ausreisen. In diese Zeit fallen auch die zwei Milliarden-Kredite der BRD an die DDR. **Link-36**

Ende 1979 gab es seitens der Führung der UdSSR einen neuen Anflug von Größenwahn mit dem Einmarsch sowjetischer Soldaten in Afghanistan und einem nachfolgenden Krieg, der nicht zu gewinnen war, auch weil die Amerikaner die islamischen Radikalen (Bin Laden) großzügig unterstützten und das wiederbelebten, was heute die westliche Welt bedroht: den politischen Islam mit seinem Allmacht-Anspruch.

Die Sowjetunion musste im Ergebnis dieses Krieges auch die Rohstofflieferungen an ihre verbündeten sozialistischen Länder kürzen, was deren Wirtschaft erheblich schadete.

Parallel entwickelte sich 1980 Polen mit Streiks und dem Ende 1981 ausgerufenen Kriegsrecht zum Krisenherd und die Welt schaute gebannt, ob auch hier sowjetische Truppen einmarschieren werden.

Die Sowjetunion löste das Problem, indem Polen den Kriegszustand ausrufen musste, um einem Einmarsch der Sowjets zuvorzukommen. Dieser Kriegszustand wirkte sich auf die im Rat für Gegenseitige Wirtschaftshilfe RGW (COMECON) verflochtenen Länder aus, die Wirtschaftsleistung ging zurück.

Da die Sowjets um die Versorgung ihrer Truppen in der DDR durch mögliche polnische Sabotageakte fürchteten, musste die DDR in Rekordzeit (1982–1986) den Fährhafen Mukran auf Rügen mit Anbindung an die russische Eisenbahnspur im Hafen Klaipeda bauen. Mukran ist auch noch heute der einzige westeuropäische Fährhafen mit russischer Spuranbindung.

Polen verweigerte 1991 den Transit sowjetischer Atomwaffen beim Rücktransport aus der DDR, Mukran diente deshalb als Ausschiffungshafen.

Der sowjetische Parteichef Breschnew [76] starb im November 1982, sein Nachfolger Andropow [70] im Februar 1984 und dessen Nachfolger Tschernenko [74] im März 1985. Alle waren während der Stalinzeit sozialisiert worden, hatten die Schrecken des 2. Weltkrieges miterlebt und das Ziel einer sozialistischen Weltrevolution unter Führung der UdSSR (nach den Ideen Lenins und Stalins) zutiefst verinnerlicht.

Am 11. März 1985 wurde Gorbatschow [54] Generalsekretär der KPdSU. Er hatte nicht in der Sowjetarmee gedient und deshalb kein enges Verhältnis zu den Generälen. Nach 28 Monaten, in denen sich die Führer der sozialistischen Staaten ratlos (betreffend des zukünftigen Kurses) auf „Arbeitsbegräbnissen" in Moskau getroffen hatten, ruhte nun die Hoffnung auf Gorbatschow.

Valentin Falin notierte, dass man in der Sowjetunion schon Mitte der achtziger Jahre erwartete, *„[...] dass die COMECON-Länder Ende des Jahrhunderts an den Rand des ökonomischen Bankrotts mit schwierigen politischen und sozialen Fragen gelangen würden"*. (29)

Gorbatschow leitete mit seinem Amtsantritt drastische Veränderungen ein, um das erstarrte und ineffektive sowjetische System zu reformieren. Auf außenpolitischem Gebiet war die bedeutendste Entscheidung: das Ende der Breschnew-Doktrin, verbunden mit einer Budget-Kürzung für die Militärs.

Gorbatschow soll bereits bei den Beisetzungsfeierlichkeiten von Tschernenkow am 10. März 1985 den anwesenden Partei- und Staatsführern der sozialistischen Länder das Ende dieser Doktrin verkündet haben.

Damit war jedes Land für seinen Kurs selbst verantwortlich, aber auch für die Folgen. 1988 wurde die Breschnew-Doktrin dann offiziell aufgehoben und durch die Gorbatschow-Doktrin ersetzt, die scherzhaft nach dem Song: „I did it my way" als Sinatra-Doktrin bezeichnet wurde. Die Sowjetunion war ideologisch, politisch und wirtschaftlich an ihre Grenzen gestoßen und ein Paradigmenwechsel stand an: innere Reformen und die Loslösung von den teuren Bündnispartnern in Europa, die sich zunehmend mehr im Westen verschulden mussten, auch weil die Sowjetunion vereinbarte Rohstoff-Lieferungen gekürzt hatte.

Das sowjetische ideologische Denkgerüst der wirtschaftlichen Entwicklung war auf Rüstungsindustrie, Schwerindustrie, Elektrifizierung, Ausbeutung der Rohstoffe, Eisenbahnbau und Pipelinebau ausgerichtet. Die Sowjetunion konnte damit zwischen 1920 und 1941 und dann nach dem Krieg bis etwa 1970 Erfolge erzielen.

Allerdings verfestigte sich das System immer mehr in Richtung zentrale Planung in Moskau und Abschottung vom Weltmarkt. Die Digitalisierung wurde verschlafen, die Gleichmacherei nahm den Leistungsbereiten Anreize. Die Sowjetunion lebte zunehmend vom Rohstoff-Export, da ihre Industriegüter (außer Waffen) auch in Ländern der dritten Welt immer weniger nachgefragt wurden. Die Bedingungen der Ostblock-Staaten waren aber andere. So kam es zunehmend zu Divergenzen: Der Einmarsch in die Tschechoslowakei 1968 und das Kriegsrecht in Polen 1981−83 waren sichtbare Zeichen des Auseinanderlebens.

In der Wirtschaft bezeichnet man das, was Gorbatschow nun plante und sukzessive umsetzte: Outsourcing unrentabel gewordener Betriebsteile.

Dieses Outsourcing hatte geopolitisch mehrere Aspekte:
- Für die sozialistische Sowjetunion: Rückzug aus Osteuropa sowie die Überlassung der sozialistischen Länder dem Westen und damit auch die Aufgabe des Sozialismus in diesen Ländern (Führung durch die Kommunisten, Planwirtschaft und gesellschaftliche Kontrolle der Produktionsmittel). Abkehr von der Idee der sozialistischen Weltrevolution.
- Für das Kapital des Westens: Privatisierung. Einführung der privaten Kontrolle der Produktionsmittel in Osteuropa.
- Für die beiden deutschen Staaten: Ende der alliierten Besatzung und neue Einbindung Deutschlands in Europa.
- Für die Europäer: Lösung der deutschen Frage in neuem Rahmen.
- Für die Amerikaner: Notwendigkeit neuer Formen der Führung Westeuropas.

2. 1981: Erste Konflikte der DDR mit der Sowjetunion

Ein wichtiger Auslöser für den wirtschaftlichen Niedergang Osteuropas, der 1981 einsetzte, war der Einmarsch der sowjetischen Armee in Afghanistan im Dezember 1979, der mehr Ressourcen als geplant kostete und die ineffiziente sowjetische zivile Wirtschaft schwer belastete. Dieser Niedergang schuf dann im Ostblock zusätzliche innenpolitische Probleme, die aus einem stagnierenden oder sogar sinkenden Lebensstandard erwuchsen.

Erich Honecker schrieb dazu 1992 in seinem Buch **Zu dramatischen Ereignissen:**

„Im Jahr 1981 musste ich mich an das Politbüro des Zentralkomitees der KPdSU wenden mit dem Hinweis, dass die einseitige Reduzierung der Öllieferungen von 19 Millionen Tonnen auf 17 Millionen Tonnen die Gefahr in sich birgt, die DDR zu erschüttern. Hinzu kam die Einstellung der Getreidelieferungen der Sowjetunion von jährlich 3–4 Millionen Tonnen, die wir im Wert von 2,3 Milliarden Valutamark im Westen kaufen mussten, ein Umstand, der nicht in der Öffentlichkeit behandelt wurde." (30)

Erich Honecker schreibt weiter:

„Die DDR war mit ihren Fortschritten wie mit ihren Hemmnissen auf das engste mit dem RGW und seinen Möglichkeiten verflochten. Das Potential des RGW reichte nicht aus, um mit der internationalen Entwicklung Schritt zu halten. Zu spät wurde zum Beispiel im gesamten sozialistischen Lager die Herausforderung durchschaut, die uns aus der wissenschaftlich-technischen Revolution, aus der raschen Entwicklung der Hochtechnologie in einigen wenigen fortschrittlichen kapitalistischen Industrieländern erwuchs. Vor allem wurde in den meisten sozialistischen Ländern in der Praxis viel zu spät darauf reagiert." (30)

Es sei daran erinnert, dass in geschlossenen sozialistischen Gesellschaften (sie nehmen am Warenaustausch auf dem Weltmarkt nur selektiv teil) in der Machthierarchie die Ideologen, Staatssicherheit und Militär an oberster Stelle stehen, dann erst kommen Wissenschaft und Wirtschaft. Ein Machtprinzip, welches schon im alten Babylon existierte mit der Kaste der Priester als wichtigste Entscheider. Da die Produktionsmittel sich im „Volkseigentum" befinden und alles einer staatlichen Planung unterliegt, fließen die staatlichen finanziellen Mittel zuerst in die Bereiche Ideologie, Sicherheit und Armee und dann in die anderen – nach Maßgabe der Erkenntnisse der Ideologen. Es gibt keinen Markt, dafür aber staatliche Preisbildung für alle Produkte und Leistungen – auch sie in Regie der Ideologen. Letztlich führt das dazu, dass an den wirklichen Bedürfnissen vorbei produziert wird. Der technologische Vorsprung der westlichen Industrieländer wurde dadurch immer größer.

3. 1982: Kriegsrecht in Polen und seine Auswirkungen auf Osteuropa

Diese von Honecker erwähnten Kürzungen an Rohstoff- und Getreidelieferungen erfolgten zeitgleich gegenüber allen osteuropäischen Verbündeten der UdSSR und brachten erhebliche Probleme in Wirtschaft und Versorgung der Bevölkerung mit sich. Die innenpolitischen Probleme Polens (auch hervorgerufen durch die Wahl eines polnischen Bischofs zum Papst 1978 und der damit verbundenen Stärkung der katholischen Kirche und einer Abkehr von der sozialistischen Ideologie) verschärften sich. Die neue Gewerkschaft streikte und die polnische Regierung war in der Defensive. Im April 1981 wurde bei einem geheim gehaltenen Treffen der sowjetischen und polnischen Führung in Brest (Andropow war in seiner damaligen Funktion als KGB-Chef anwesend) seitens der Sowjets gefordert, dass die polnische Führung die Streiks mit Waffengewalt niederschlägt. Die Verbündeten sollten assistieren. Das erinnerte an den Einmarsch in der Tschechoslowakei 1968. Die polnische Regierung protestierte.

Der polnische Parteichef Kania musste im September 1981 seinen Platz räumen und General Jaruzelski übernahm diese Funktion. Gemeinsam mit den Sowjets einigte sich die polnische Führung auf eine Militärregierung, gedeckt durch folgendes Wahrnehmungskonzept: Die Sowjets würden mit Einmarsch drohen und die polnische Armee deshalb vorbeugend das Kriegsrecht ausrufen.

Das Kriegsrecht wurde am 13. Dezember 1981 verhängt und währte bis zum 22. Juli 1983.

Die Wirtschaft in Polen wurde durch das Kriegsrecht schwer geschädigt. Über 20.000 hochqualifizierte Ingenieure und Wissenschaftler wanderten in den Westen aus. Durch die Nichterfüllung der vereinbarten polnischen Lieferungen bekamen die anderen sozialistischen Länder erhebliche Probleme, die sich auf ihre innenpolitische Stabilität auswirkten.

4. 1983: Bericht einer Washingtoner KGB-Quelle zu Änderungen der Osteuropa-Politik der USA

Bereits 1983 änderten die USA ihre Strategie zu den sozialistischen Ländern, die erst wenige Monate zuvor in der Direktive Nr. 54 des US-Präsidenten festgelegt worden war. Hintergrund dürften die Auswirkungen des Ausnahmezustandes in Polen auf die sozialistischen Länder gewesen sein.

Eine KGB-Quelle in Washington übermittelte diese Informationen Ende 1983 nach Moskau und KGB-Chef Tschebrikow übersandte MfS-Minister Mielke eine Auswertung zur Weitergabe an Honecker. (GEHEIME KOMMANDOSACHE des MfS 1607/84 vom März 1984) **Link-37**

Über neue Momente in der Politik der USA gegenüber den europäischen sozialistischen Ländern. Aus dem Archiv der BStU

ZAIG 7168

BStU
000001

Übersetzung aus dem Russischen

Gen. Tschebrikow übermittelt Gen. Mielke diese Information und bittet darum, Gen. Honecker in Kenntnis zu setzen.

Angesichts des besonders wichtigen Charakters und aus Gründen der Sicherheit der Quelle wird gebeten, die entsprechende Vorsicht beim Umgang mit dieser Information an den Tag zu legen.

Gen. Tschebrikow äußert die Hoffnung, daß Sie Ihre Meinung sowie die Reaktion des Gen. Honecker zum Inhalt der Information mitteilen werden.

Übersetzung aus dem Russischen

GEHEIME KOMMANDOSACHE!
1607/84

Über neue Momente in der Politik der USA gegenüber den europäischen sozialistischen Ländern

Nach glaubwürdigen Angaben hat die Reagan-Administration die Absicht, die amerikanische Politik gegenüber den sozialistischen Ländern Europas zu aktivieren, um sie von der UdSSR zu trennen. So hat das State Department der USA Ende 1983 vorgeschlagen, die Taktik im Rahmen der zu dieser Frage im Jahre 1982 verabschiedeten Direktive N 54 des Präsidenten der USA über das "differenzierte" Herangehen an jedes dieser Länder etwas zu verändern und eine "neue amerikanische Offensive in der Region" zu entfalten. Der wesentliche Inhalt der Vorschläge des US-Außenministeriums besteht in folgendem:

UdSSR und Osteuropa

Im Verlaufe der gesamten Nachkriegsperiode hatte die UdSSR zwei wichtige Ziele gegenüber Osteuropa: zu erreichen, daß die osteuropäischen Staaten ihre innen- und außenpolitischen Normen mit den Normen in Übereinstimmung bringen, die von der Sowjetunion angewandt werden, sowie eine Stabilität zu erreichen, die es ihnen gestatten würde, gegenüber dem Westen solide und zuverlässig auszusehen und die UdSSR von der Notwendigkeit befreien würde, ihre begrenzten Ressourcen für die Regulierung von Krisen in

Die Amerikaner begriffen, dass die Sowjetunion ihr osteuropäisches Imperium aus wirtschaftlichen Gründen nicht mehr halten konnte. US-Präsident Reagan hatte mit seiner Strategie des Kaputtrüstens gewonnen. Die sowjetische Führung zog dann mit dem Machtantritt Gorbatschows und Schewardnadses ab 1985/86 die Konsequenzen und überließ wenig später die DDR und die anderen Länder des Ostblocks dem Westen.

Hätten die sowjetischen Politiker damals nicht die Niederlage im Afghanistan-Krieg und mögliche Unruhen in den angrenzenden muslimischen Sowjetrepubliken befürchtet, wäre vermutlich das Outsourcing der osteuropäischen Länder nicht so schnell vonstatten gegangen.

Die UdSSR musste die in Osteuropa gebundenen Ressourcen zur anderweitigen Verfügung haben.

1985/86 war für die Sowjetunion eine Situation eingetreten, vergleichbar mit der eines Durchschnittsbürgers, der durch den Notverkauf eines Teils seines Eigentums den Besuch des Gerichtsvollziehers abwenden muss.

5. 1984: Studie eines sowjetischen Thinktanks zu Osteuropa

Im Potsdamer Schloss Cecilienhof, wo 1945 die Potsdamer Konferenz der drei siegreichen Alliierten des 2. Weltkrieges tagte (Sowjetunion, USA und Großbritannien) und die Nachkriegsgrenzen sowie die Verwaltung Deutschlands festlegte, fand 37 Jahre später eine Tagung des sowjetischen **„Institut für Wirtschaft des sozialistischen Weltsystems"** statt.

Das Institut befasste sich mit der Wirtschaft, der Innen- und Außenpolitik und der sozialen und politischen Situation der sozialistischen Länder. Man könnte es als Thinktank zur Verwaltung des osteuropäischen sowjetischen Imperiums bezeichnen. Die Bedeutung dieses Instituts wird auch daran ersichtlich, dass seine Vertreter diplomatische Immunität besaßen und im Rang von ersten Sekretären der Botschaft der Sowjetunion in diesen Ländern akkreditiert waren.

© Adobe Stock 312905836 – Schloss Cecilienhof in Potsdam

Das Politbüro der KPdSU hatte kurz nach Einführung des Kriegsrechts in Polen eine Studie bei diesem Thinktank in Auftrag gegeben mit dem Titel: **Aktuelle Probleme der Länder der sozialistischen Gemeinschaft gegenüber entwickelten kapitalistischen Ländern in den 1980er Jahren.**

Unter Leitung des führenden sowjetischen Politologen (und KGB-Offiziers im besonderen Einsatz) Vyacheslav Dashichev, sollte ab 1982 gemeinsam mit osteuropäische Wissenschaftlern eine Bestandsaufnahme der Beziehungen ihrer Länder zum Westen vorgenommen werden.

Dieses Institut hatte unter der Schirmherrschaft von KGB-Chef Andropow schon in den 70er Jahren begonnen, in verschiedenen Studien der Arbeitsgruppe STERN Vorschläge zu unterbreiten, um die Wirtschaftspolitik der UdSSR zu reformieren und die Sowjetunion und den RGW (COMECON) wieder in die Weltwirtschaft zu integrieren. Nach Andropows Tod im Februar 1984 wurde die Arbeitsgruppe STERN durch den Nachfolger Tschernenko aufgelöst. Offenbar brauchte man sie nicht mehr. Hatte man sich im Politbüro schon 1984 entschlossen, Osteuropa aus der sowjetischen Gefolgschaft zu entlassen?

Dashichev schrieb 2016 kurz vor seinem Tode erstmals über sein unvergessliches Erlebnis bei der Vorbereitung des ersten Treffens der Arbeitsgruppe STERN-4 in Potsdam im Schloss Cecilienhof.

Aus heutiger Sicht wurde damit Cecilienhof 1982 erneut zum Ort der Entscheidung über Deutschlands Zukunft.

„Es gibt eine Episode in meiner Erinnerung im Zusammenhang mit dem STERN-4-Projekt, die einen starken Eindruck auf mich gemacht hat. Das erste Treffen des multinationalen Forschungsteams fand im Herbst 1982 in Potsdam statt. Die deutschen Organisatoren überraschten die Teilnehmer der Arbeitsgruppe, indem sie das Schloss Cecilienhof, in dem das Potsdamer Abkommen unterzeichnet wurde, für unsere Arbeit und Unterkunft zur Verfügung stellten.

Ein paar Tage vor dem Treffen kam ich als „Vorhut" in Potsdam an, um mit meinen deutschen Kollegen die Tagesordnung und die Geschäftsordnung für das Treffen zu besprechen und abzustimmen. Mein Verhandlungspartner war Dr. Werner Hanisch, stellvertretender Direktor des Potsdamer Instituts für Internationale Beziehungen. Er war von Anfang an ein aktiver Teilnehmer des STERN-Projekts und war unter seinen Kollegen hoch angesehen. Wir besprachen den Plan unseres Treffens ausführlich mit ihm und kamen schnell zu einem Konsens über den Zeitplan. Bei einem unserer Gespräche fragte er mich, ob ich mir die Berliner Mauer ansehen wolle, die in der Nähe des Schlosses vorbeiführte.

Dieser Vorschlag hat mich natürlich interessiert. Also sind wir nach der Arbeit durch einen schönen Park zur Mauer gelaufen. Ein düsteres Bild bot sich meinen Augen – die schmerzhafte Narbe des Kalten Krieges, der die Stadt in zwei Hälften teilte. Es schien mir, als ob ein unbarmherziges Messer den lebendigen Körper des deutschen Volkes in zwei Teile geschnitten hätte. Diese Trennlinie war ein schreckliches Symbol für die Ost-West-Konfrontation und die Politik der Vorherrschaft.

Ich versuchte mir vorzustellen, wie sich die Russen gefühlt hätten, wenn Deutschland und Japan den Krieg gewonnen und die Grenze ihrer Einflusssphären mitten durch Moskau gezogen hätten. Es wäre eine alptraumhafte Tragödie für die Russen. Und warum sollte das deutsche Volk unter dieser Spaltung leiden? Eine Spaltung, die zur Zerstückelung des Landes, seiner Wirtschaft, Kultur, Wissenschaft und vor allem zur Trennung von Familien, Bekannten, Freunden, einfach Menschen führte?

Könnten ideologische oder politische Gründe, wie fortschrittlich sie auch sein mögen, diese Grausamkeit rechtfertigen? Und welchen Nutzen hatte die Sowjetunion von der Teilung der deutschen Nation? Die schwere Last des Kalten Krieges, das Wettrüsten, die Militarisierung des Landes? Der niedrige Lebensstandard der Sowjetbürger? Die unerträgliche Rückständigkeit des zivilen Sektors der Wirtschaft? Der Teufelskreis der imperialen Politik der Gewalt?

Als ich von diesen düsteren Gedanken wieder zur Besinnung kam und mich Werner Hanisch zuwandte, fiel mir auf, dass beim Anblick der Mauer sein Gesicht von tiefer Traurigkeit erfüllt war und Tränen in seinen Augen standen. Es hat mich bis ins Mark erschüttert. Schweigend kehrten wir zum Cecilienhof zurück, jeder in seine eigenen Gedanken vertieft.

Ich war einmal mehr davon überzeugt, wie unmenschlich und zerstörerisch die Teilung Deutschlands und des europäischen Kontinents für Deutsche, für Russen, für alle Europäer gewesen war.

Die Teilnehmer der STERN-4-Studie waren sehr radikal in ihren Schlussfolgerungen. Ich habe es geschafft, eine Reihe von „ungewöhnlichen" Ideen in unsere Arbeitspapiere einzuschleusen. Dafür gab es gute Gründe: Die Breschnew-Führung trieb mit ihrer Politik das eigene Land und die Partner im Warschauer Pakt in eine schwierige Situation ..."
`Link-38`

Zur Erinnerung:

Honecker schrieb in seiner Schrift **„Zu dramatischen Ereignissen"** (31)

„L. I. Breschnew hatte vollkommen recht, als er zu mir am 28. Juli 1970 in Moskau im Krankenhaus, wo er sich zu einer Operation befand, sagte: „Vergiß nie, die DDR kann ohne uns, ohne die Sowjetunion, ihre Macht und Stärke, nicht existieren. Ohne uns gibt es keine DDR. Die Existenz der DDR entspricht unseren Interessen, den Interessen aller sozialistischen Staaten. Sie ist das Ergebnis unseres Sieges über Hitlerdeutschland. Deutschland gibt es nicht mehr, das ist gut so. Es gibt die sozialistische DDR und die Bundesrepublik."

Sagte Breschnew noch 1970 zu Honecker *„Ohne uns gibt es keine DDR. Die Existenz der DDR entspricht unseren Interessen, den Interessen aller sozialistischen Staaten"*, so stellte schon 1982 der KGB-Politologe Dashichev diese Frage: *„Und welchen Nutzen hatte die Sowjetunion von* *der Teilung der deutschen Nation? Die schwere Last des Kalten Krieges, das Wettrüsten, die Militarisierung des Landes? Der niedrige Lebensstandard der Sowjetbürger? Die unerträgliche Rückständigkeit des zivilen Sektors der Wirtschaft? Der Teufelskreis der imperialen Politik der Gewalt?"*

Vermutlich sollte schon 1984 nach Fertigstellung dieser Studie die interne Diskussion in den Führungsgremien der Sowjetunion eröffnet werden – um über das zukünftige Schicksal der DDR und der sozialistischen Staaten im Warschauer Pakt zu entscheiden. Kein Wunder, dass sich die DDR im Jahr 1983 aus der Arbeitsgruppe zurückzog. Musste sie doch die seit 1981 zugesagten, aber nicht gelieferten sowjetischen Rohstoffe im Westen gegen harte Devisen beschaffen, sie mit Krediten finanzieren (2 Mrd. DM von der BRD 1983) und wurde dafür von der sowjetischen Führung abgemahnt. Beim KSZE-Nachfolgetreffen in Madrid mussten die sozialistischen Länder zur Reduzierung des Wettrüstens die vom Westen vorgeschlagenen und von der Sowjetunion akzeptierten Maßnahmen im Korb III (Menschenrechte) zustimmen, was in der DDR dazu führte, dass von Sommer 1981 bis Ende 1984 über 48.400 Personen das Land verließen. **Link-36**

Da stellte sich die Frage: Warum sollte die DDR weiterhin an einer Arbeitsgruppe teilnehmen, wo die sowjetischen Ideologen Luftschlösser bauten und die Interessen der anderen Länder nicht beachteten?

Dashichev beschreibt das Ende diplomatisch so:
„Die vierte Studie nimmt einen besonderen Platz in der Arbeit des STERN-Projekts ein. Wir begannen Mitte 1982 mit der Arbeit daran, und Anfang 1984 wurden die Ergebnisse in einer Broschüre mit 100 Exemplaren für den offiziellen Gebrauch veröffentlicht, die an die Zentralkomitees der teilnehmenden Länder – Bulgarien, Kuba, Tschechoslowakei, Ungarn, Mongolei, Polen und die Sowjetunion – geschickt wurde."

Die DDR, die dafür sorgte, dass im Herbst 1982 am Tagungsort der Potsdamer Konferenz die Auftakt-Sitzung der Arbeitsgruppe stattfand, war 1984 nicht im Verteiler. Was für ein Omen!

6. 1985: Amtsantritt Gorbatschows und Vorhersage des Rückzuges der Russen aus Osteuropa

Joseph Pozsgai (1926–2009), ein Exil-Ungar, der in der Schweiz und in der Bundesrepublik als Politologe und Journalist arbeitete, hatte bereits 1985 nach Gorbatschows Machtantritt vom bald anstehenden Rückzug der Sowjetunion aus Osteuropa geschrieben.

„So war ich aufgrund sicherer Informationen in der Lage, den System-wechsel in Osteuropa schon 1985 in meiner Schrift ‚Osteuropa ohne Russen – was kommt danach?‘ vorauszusagen."

In seinem Buch **Der Preis der Wende** (32) beschreibt er akribisch die Aufteilung Osteuropas nach dem Ende des 1. Weltkriegs und die Gründe für das sowjetische Eingreifen in Ungarn und der Tschechoslowakei.

Exemplarisch zeigt er anhand der Rückversicherungsgespräche der ungarischen Regierung ab 1986 in Moskau zur geplanten Demontage der Grenzsicherungsanlagen an der ungarischen Westgrenze, dass es – zur Überraschung der Ungarn – keine negativen Reaktionen aus Moskau gab. Es gab aber auch kein Interesse, Geld oder Material in die Reparatur des Zaunes zu stecken.

Gorbatschow machte den Ungarn klar, dass der Grenzzaun zu Öster-reich ihre Angelegenheit sei.

Die Ungarn brauchten ihn aber nicht. Ungarische Staatsbürger konn-ten legal in den Westen reisen. Es gab nur ein Land, welches sich der Demontage widersetzte, aber auch nicht bereit war, in die Modernisie-rung harte Währung zu investieren. Die Demontage gelangte 1989 ins mediale Bewusstsein mit dem berühmten Picknick, welches unter der Schirmherrschaft von Otto von Habsburg am 19.08.1989 auf österreichi-scher Seite organisiert wurde.

Durch die Ereignisse von 1956 und die Präsenz von etwa 60.000 Sowjetsoldaten auf ihrem Territorium extrem vorsichtig und misstrauisch, ließen sich die Ungarn die geplante Demontage des Signalzauns an ihrer Westgrenze mehrmals von Moskau bestätigen. Aus dieser Faktenlage und seiner Kenntnis bis heute öffentlich nicht zugänglicher Informatio-nen, beschreibt Pozsgai dann in seinem Buch **Der Preis der Wende:** *„Alles deutet darauf hin, daß ein geheimes Drehbuch, ein ‚Masterplan‘*

die Wende in Form einer ‚sanften Revolution' vorsah, wozu gehörte, dass peinliche Fragen über die politische Kriminalität der Vergangenheit nicht gestellt werden sollten. Schließlich bildete die DDR die einzige Ausnahme; was auch immer geplant sein mochte, hier machte es die Wiedervereinigung mit dem westlichen Teil Deutschlands praktisch unmöglich, diesen Fragekomplex völlig unter den Teppich zu kehren."

Auf Seite 11 beschreibt er Gorbatschows Angebot an die Amerikaner:

1.1 *„Die Sowjetunion schafft das kommunistische System ab und öffnet den Weg für andere politische Einrichtungen und Verfassungen durch freie Wahlen;*

1.2 *Kommunisten dürfen für ihre in der Vergangenheit begangenen verbrecherischen Taten nicht bestraft werden;*

1.3 *Die Sowjetunion verzichtet auf die Vereinbarung von Jalta 1945 und die Teilung Europas; sie entläßt die europäischen Satellitenstaaten in die Freiheit;*

1.4 *Als „Entschädigung" für den Verzicht auf die Macht darf die kommunistische Machtelite sich das produktive Staatsvermögen der Sowjetunion durch Privatisierung aneignen.*

1.5 *Diese Art der politischen und wirtschaftlichen Transformation soll ohne Abstriche auch für die europäischen Ostblockstaaten gelten. [...]*

Das sowjetische Angebot erschien den westlichen Siegermächten [...] als die Kapitulation ihres Gegners nach langen Jahren des Kalten Krieges. Im Rausch des unerwarteten Sieges haben sie ihre Entscheidung offenbar nicht lange überlegt. Die Offerte bot dem Westen auf den ersten Blick überwiegend Vorteile – vor allem die einmalige Aussicht – sich der kommunistischen Herausforderung und damit der ständigen internationalen Spannungen sowie der gewaltigen Kosten des atomaren Rüstungswettbewerbs zu entledigen. [...]

Alles in allem sahen Washington, London und Paris keinen Grund, die Zustimmung zu verweigern, zumal von den Westmächten gar nicht verlangt wurde, auf irgendetwas zu verzichten oder sich unter Gefahr in die Systemumwandlung einzumischen."

Und abschließend notiert er auf Seite 13:
„Gorbatschow soll den Amerikanern erklärt haben, er könne den Erfolg seines Vorhabens nur garantieren, wenn seine Bedingungen erfüllt würden. Das sei der Preis für einen friedlichen Übergang." (32)

Diese Aussagen und die seit 30 Jahren erlebte Realität lassen keinen Raum für die Interpretation des Mauerfalls als „Friedliche Revolution" oder „Chaos und Zufall". Sie werden aber noch heute genutzt, auch um Interessen der ehemaligen Alliierten in Deutschland zu verdecken. Für die Alt-Genossen der SED und die West-Linken waren und sind sie das Trostpflaster, um nach einem klassenkämpferischen Leben nicht die brutale Wahrheit akzeptieren zu müssen.

Angenommen, die Russen öffnen 2021 nur einen Teil der Archive und geben Dokumente frei, die Semjonows Tätigkeit als Sonderbotschafter beschreiben oder einen Einblick in den Ablauf des Mauerfalls geben, dann fällt dieses Kartenhaus zusammen. Wir schauen gespannt auf das Jahr 2021. Die politischen Interessen der heutigen russischen Führung sind nicht mehr die Interessen der Sowjets von 1986/90.

Hatten die Sowjets 1990 noch auf ein gemeinsames Haus Europa gehofft, verzeichnen die Russen heute die Rückkehr des kostenintensiven Kalten Krieges.

7. 1986: Beginn des Outsourcing der DDR und des Ostblocks durch die Sowjetunion

Am 2. Juli 1985 trat Eduard Schewardnadse die Nachfolge von Andrej Gromyko als Außenminister an. Schewardnadse war ein Verfechter bedeutender ideologischer Änderungen der Politik und geistiger Vater des Outsourcings des Ostblocks, die DDR inbegriffen. So schreibt er in seinem Buch **Die Zukunft gehört der Freiheit:**

„Bis 1986 erstreckte sich das Prinzip der friedlichen Koexistenz allein auf unsere Beziehungen zu den potentiellen Gegnern, während für die Beziehungen zu unseren Freunden und Verbündeten ein anderes Prinzip galt: der ‚proletarische Internationalismus‘. Gemäß diesem Prinzip ‚durften‘ wir uns auch in die Angelegenheiten unserer Verbündeten, zum Beispiel des Warschauer Pakts einmischen, notfalls sogar mit Waffengewalt.“ (33)

Schon 1986 hatte er eine Vision zur deutschen Einheit. Nach seinem Rücktritt als Außenminister am 20. Dezember 1990 fragte ihn Hans-Dietrich Genscher, der damalige Außenminister der Bundesrepublik:

„Wann sind Sie zu der Schlußfolgerung gelangt, dass Deutschlands Vereinigung unvermeidlich ist?“ Schewardnadses Antwort:

„Schon 1986. Bereits zu jener Zeit äußerte ich im Gespräch mit einem unserer herausragenden Deutschland-Experten die Vermutung, dass dieses Problem demnächst aufkommen werde. Ich sagte damals, in der allernächsten Zukunft würde die deutsche Frage zum wichtigsten, für Europa ausschlaggebenden Problem aufrücken. Unter den Bedingungen einer, seit nahezu einem halben Jahrhundert während en Spaltung eines Volkes sei dies eine nationale Frage. Eine Frage der Einheit einer Nation, die durch die Mauern der Ideologie, der Waffen und des Stahlbetons nicht getrennt sein will.“ (33)

Valentin Falin, seit 1986 Leiter der Nachrichtenagentur Novosti, merkt in seinem Buch **Politische Erinnerungen** an:

„Die Situation in der DDR destabilisierte sich mit wachsender Geschwindigkeit [...] 1987/88 berichtete ich Gorbatschow und Jakowlew, dass die Verfallserscheinungen in der DDR intensiver und tiefer seien,

als bisher angenommen. Nach Meinung einiger Gesprächspartner, die über den Zustand der Republik Bescheid wussten, war der Moment der Umkehr schon versäumt und die Situation konnte ‚innerhalb der nächsten drei Monate' außer Kontrolle geraten."

Falin war offenbar von der fehlenden Resonanz auf seine Ausführungen irritiert:

„Diese eine Katastrophe verheißenden Informationen wurden nicht als Anstoß zu einer allseitigen Bewertung der Gesamtlage empfunden. Möglicherweise verfügte die Führung über eigene Angaben über verborgene Tendenzen in der DDR, oder sie empfand meine Angaben als übermäßig verdichtet." (34)

Sieht man heute, 30 Jahre nach dem Mauerfall, auf die sowjetische Politik dieser Jahre zurück, dann scheint eine andere Erklärung wahrscheinlicher.

Ein kleiner Kreis um Gorbatschow, Schewardnadse und KGB-Chef Tschebrikow bzw. seinem Nachfolger Krjutschkow hatte den Rückzug von bisherigen sowjetischen Positionen in Europa, beginnend in der DDR und eine mögliche Wiedervereinigung im Sinn. Wie schon beschrieben, musste das im eigenen Land, vor der Welt und insbesondere gegenüber den teuren Genossen in Ostberlin streng geheim gehalten werden. Die Sowjetunion plante ihr liebstes Kind zu opfern und das als Auslöser für den Rückzug aus Osteuropa zu nehmen.

Aufschlussreich sind in diesem Zusammenhang die Anmerkungen des ehemaligen CIA-Stationschiefs Milton Barton (Bonn 1990) auf der Tagung Spionage für den Frieden in Berlin 2004. (Zitiert nach Ferdinand Kroh in seinem Buch **Wendemanöver**)

Barton machte zum Ablauf der Wende folgende Anmerkungen:

„Die Nachrichtendienste haben während dieser Periode ihre Rolle gespielt. Ehrlicherweise muss die Rolle der Nachrichtendienste beider Seiten – lassen Sie mich hinzufügen: aller Nachrichtendienste in Ost und West – als Beitrag dazu gesehen werden, dass der Kalte Krieg kalt blieb und nicht heiß wurde. [...] erbte ich ein Vorhaben, dem wir den Codenamen ‚Gawrilow' gaben. [...] Tatsächlich handelte es sich dabei

um einen sehr geheimen Kontakt zwischen den Führungsspitzen von CIA und KGB, der alle paar Monate auf neutralem Boden irgendwo auf der Welt stattfand. Bei diesen Gelegenheiten saßen wir uns gegenüber und sahen uns in die Augen und fragten uns: Treten wir uns nicht hier und da zu feindselig gegenüber?"

Ferdinand Kroh resümiert:
„Diese Kooperation zwischen CIA und KGB, zu einer Zeit, als die Menschheit dachte, dies seien zwei zutiefst verfeindete Geheimdienste, war wohl wesentlich für den friedlichen Zusammenbruch der Sowjetunion." (35)

Trotz dieser Abstimmungen mit den USA fiel dann die Sowjetunion auseinander, denn es kamen – für die Öffentlichkeit unerwartet – Entscheidungen aus der Stalinzeit ans Licht, die innenpolitisch eine ungeheure Sprengkraft besaßen.

Zurück zu Falins Befürchtungen. Eine geplante Abwicklung der DDR unterstellt, bestand für die sowjetische Führung kein Anlass auf die erwähnten Sorgen Falins zu antworten, da das Problem ja schon einer Lösung zugeführt wurde.

Egon Krenz, der Nachfolger Honeckers im Amte des Generalsekretärs von Oktober bis Dezember 1989, bestätigte anlässlich eines Treffens mit Alt-Genossen im Februar 2018 diese Entscheidung mit einem Eingeständnis des ehemaligen sowjetischen Außenministers Schewardnadse.

Krenz hatte ihn einige Jahre nach der Wende gefragt, ob die sowjetische Führung die DDR aufgeben wollte. Die Antwort:

„Wir wollten die Sowjetunion erhalten und mussten deshalb Ballast abwerfen." Link-39

Die DDR (und die anderen sozialistischen Länder) waren in den Augen der Sowjetführung zum Ballast geworden, der so schwer wog, dass er eine Gefahr für die Existenz der Sowjetunion geworden war. Da dieser Gedanke aber für alle Politiker in Ost und West undenkbar war, dürfte die tatsächliche Dimension hinter der Aussage „Aufhebung der Breschnew-Doktrin" nie ins öffentliche Bewusstsein gedrungen sein.

Diese neue die DDR betreffende sowjetische Haltung führte offenbar zur Reaktivierung von Elementen der Stalin-Note an die Westmächte vom März 1952.

Nachdem Ende 1985/Anfang 1986 in Moskau die grundsätzliche Entscheidung den Ballast abzuwerfen gefallen war, mussten „nur" noch in Verhandlungen die Modalitäten

- unblutiger Mauerfall,
- nachfolgende Übergabe der DDR an den Westen,
- Klärung des Status von Kaliningrad (Königsberg) und
- Rückzug der sowjetischen Armee aus der DDR und Osteuropa bestimmt werden.

Wer aber sollte diese vertraulichen Gespräche beginnen und dann die Verhandlungen führen?

Für diese Aufgabe gab es nur einen idealen Kandidaten.

Sein Name war untrennbar mit dem sowjetisch-deutschen Grenz- und Freundschaftsvertrag und der Sowjetisierung Litauens, Schlacht am Kursker Bogen, Potsdamer Konferenz, Sowjetischer Besatzungszone, Enteignung der Bauern in Ostdeutschland (Bodenreform), Gründung der DDR, Hochkommissar in Deutschland, Niederschlagung des Aufstandes vom 17. Juni 1953, Berlin-Memorandum Chruschtschows 1958 und Mauerbau 1961, Leitung der SALT-Verhandlungen verknüpft – es war Wladimir Semjonowitsch Semjonow.

Nach der Weisheit der Bibel (Hiob 1;21) „Der HERR hat's gegeben, der HERR hat's genommen" konnte auch in dieser irdischen Angelegenheit nur die Herrin des Mauerbaus – die UdSSR – den Mauerfall herbeiführen.

Deshalb wurde im Mai 1986 Wladimir Semjonow zum Berater Schewardnadses und Sonderbotschafter für die Bundesrepublik Deutschland berufen. Er nahm seinen Wohnsitz in Köln, 40 km von Bonn entfernt, der damaligen Hauptstadt der Bundesrepublik Deutschland.

© Adobe Stock 246659972 – Brandenburger Tor 1980, von der Westseite aus gesehen. Da, wo das Schild steht, stellte 1987 US-Präsident Ronald Reagan seine berühmte Forderung – nicht an die DDR-Führung hinter der Mauer – sondern an den sowjetischen Präsidenten: *„Mr Gorbachev, tear down this wall."*

Teil III
Wladimir Semjonow
Sowjetischer Deutschland-Experte 1940–1991

1. 1940–1961: Deutsches Reich, Schweden, Sowjetische Besatzungszone (SBZ), DDR

Wladimir Semjonow war viele Jahrzehnte graue Eminenz der sowjetischen Deutschlandpolitik.

Die ersten 21 Jahre seines Berufslebens war Semjonow überwiegend mit Deutschland beschäftigt, insbesondere als Geburtshelfer und Pate der DDR, 12 Jahre am Ende seines Berufslebens wiederum mit Deutschland. Wurde er 1989/90 zum Totengräber der DDR?

Um zu verstehen, warum er, und niemand anderes 1986 als Berater von Außenminister Schewardnadse zum sowjetischen Sonderbotschafter in der Bundesrepublik mit Wohnsitz in Köln ernannt wurde, müssen wir einen Blick in den September 1939 werfen, zu Beginn seiner Karriere. September 1939: Nachdem Molotow und Ribbentrop am 23. August 1939 den Nichtangriffs-Pakt (auch Hitler-Stalin-Pakt genannt) unterschrieben hatten, folgte am 28. September die Unterzeichnung des Grenz- und Freundschaftsvertrages.

Im September 1939 trat Wladimir Semjonow in den diplomatischen Dienst der UdSSR ein.

Aus heutiger Sicht sehr symbolträchtig und man könnte an eine Vorbestimmung in seinem Leben denken. Er starb im Dezember 1992, 21 Monate nach der sowjetischen Ratifizierung des 2+4-Vertrages vom 15. März 1991.

Im Sommer 1940 (nach dem Anschluss Litauens an die Sowjetunion) wurde Wladimir Semjonow als Botschaftsrat von Litauen nach Berlin versetzt. Er hatte, nachdem im deutsch-sowjetischen Freundschaftsvertrag Litauen (in Änderung zum Nichtangriffspakt) dem sowjetischen Einflussbereich zugesprochen worden war, dort erfolgreich die Sowjetisierung vorbereitet. In Berlin sollte ihm wohl eine ähnliche Aufgabe obliegen. Dazu gehörte zuerst die Beobachtung der NSDAP und der mit ihr verflochtenen Organisationen.

Sofort nach Amtsantritt erstellte Semjonow im Auftrage Stalins einen ausführlichen Bericht über Hitlers Pläne zur Neuordnung Europas und der Welt. Stalin war vom Bericht sehr angetan und erkundigte sich nach dem Verfasser (diplomatische Berichte wurden gewöhnlich mit der Funktion des Berichterstatters und nicht mit dessen Namen versehen).

So wurde Semjonow im Kreml schon 1941 als Deutschlandkenner geschätzt und diese Wertschätzung bestimmte dann seine weitere Karriere im diplomatischen Dienst.

Während der Amtszeit von Botschafter Dekanasow (dessen Vorgesetzter in der Geheimpolizei Berija persönlich war) avancierte Semjonow de facto zu Dekanasows Stellvertreter. Er beschreibt in seinem Buch, wie im März 1941 eine sowjetische Militärdelegation zu einer Einkaufsreise in Deutschland weilte und dass dann alle Teilnehmer während eines Empfangs in der sowjetischen Botschaft den Luftschutzbunker aufsuchen mussten, da die Briten Berlin bombardierten. An diesem Abend wurde die Staatsoper Unter den Linden, nur wenige hundert Meter von der sowjetischen Botschaft entfernt, getroffen.

Aus heutiger Sicht ist bemerkenswert, wie Semjonow sich 1941 trotz britischem Bombenhagel in die deutschen Agrarverhältnisse einarbeitete und einen Bericht über die Bodenverhältnisse der einzelnen deutschen Länder erstellte. Er schrieb dazu in seinem Buch **Von Stalin bis Gorbatschow – ein halbes Jahrhundert in diplomatischer Mission 1939–1991:**

„Der Botschafter stellte mir einmal die Frage, warum ich mich damit befaßte. Ich antwortete, das sei interessant und könnte sogar einmal politischen Wert erlangen: Wenn wir uns hypothetisch vorstellen, daß die Sowjetarmee einmal nach Deutschland käme, müßten wir doch wissen, wie hier eine Bodenreform unter Berücksichtigung der Bodenverhältnisse in den verschiedenen Gegenden durchzuführen sei. Der Botschafter sah mich entgeistert an und brummte: Seltsame Ideen haben Sie in Ihrem Kopf. Aber offenbar hatte nicht nur ich allein solche Gedanken." (36)

Dieser Satz: *„Aber offenbar hatte nicht nur ich allein solche Gedanken"* provoziert die Frage, wer sich Anfang 1941 mitten im 2. Weltkrieg in Moskau Gedanken machte zu einer kommunistischen Bodenreform für den Fall *„wenn die Sowjetarmee einmal nach Deutschland kommt".*

Wer hatte – offenbar über den Kopf des Botschafters hinweg – Semjonow diesen Auftrag gegeben, die Faktenlage für eine Bodenreform nach sowjetischem Vorbild zu sondieren? War es Berija?

Eine Antwort geben die Bücher des Historikers Stefan Scheil **1940/41 – Die Eskalation des Zweiten Weltkriegs** (Olzog, 2005) und des ehemaligen GRU-Offiziers, Victor Suworow, der 1978 in den Westen überlief und mehrere Bücher zu diesem Thema verfasste und nicht publizierte Dokumente aus sowjetischen Archiven vorlegte. **Stalins verhinderter Erstschlag – Hitler erstickte die Weltrevolution** (Pour le Merité – Verlag für Militärgeschichte, 2000), **Der Eisbrecher – Hitler in Stalins Kalkül**, (Klett-Cotta, 1989).

2015 veröffentlichte der ehemalige DDR-General Bernd Schwipper, der an der Militärakademie in Moskau ausgebildet worden war und der in den 90er Jahren in sowjetischen Archiven recherchierte, sein Buch **Deutschland im Visier Stalins** (Druffel & Vowinckel Verlag Gilching).

DIE WELT hatte zu diesem Thema einen ausführlichen Beitrag unter dem Titel: Stalins Angriffspläne für den Westen. **Link-40**

Nach dieser These war Hitler Stalins Angriff auf Deutschland um wenige Wochen zuvorgekommen.

Listig baut Semjonow eine weitere, harmlos klingende Information in seinen Bericht ein, wohl wissend, dass sie beim aufmerksamen Leser Nachdenken zum gängigen Narrativ anregt.

In den Kontext der Interpretationen Scheils, Suworows und Schwippers passt die Mitteilung Semjonows auf Seite 107:

„Zwei Monate vor dem Überfall des faschistischen Deutschland auf die Sowjetunion erhielten wir aus Moskau die Weisung, das Archiv der Botschaft zu verbrennen".

Kennt man die Haltung Stalins nicht, interpretiert man diese Information als Resultat geheimdienstlicher Erkenntnisse in Vorbereitung des anstehenden Überfall Deutschlands auf die Sowjetunion. (37)

Stalin hielt aber weder die Informationen seines Spitzenagenten Dr. Sorge in Tokio (der den geplanten Angriff für den 22. Juni erst am 15. Juni nach Moskau meldete) noch die etwa 50 Erkenntnisse und Warnungen seiner Dienste seit Mai 1941 vom Aufmarsch deutscher Divisionen an der Ostgrenze für vertrauenswürdig. Nach seiner Meinung wollte

Hitler keinen Zweifrontenkrieg in Europa und so deutete er alle diese Informationen als Falschmeldung.

Die deutschen Kriegsvorbereitungen sind nach dieser Interpretation offenbar nicht der Grund für die Archivverbrennung im April 1941. Semjonow gibt keine Antwort auf das WARUM der Archivverbrennung, aber es sieht so aus, dass die sowjetische Botschaft für den geplanten sowjetischen Angriffskrieg auf Deutschland diese Weisung erhielt.

Im Juli 1941 wurden dann Semjonow mit dem Botschaftspersonal an der bulgarisch-türkischen Grenze gegen das Personal der deutschen Botschaft in Moskau ausgetauscht.

1942/44 führte Semjonow, nunmehr als Botschaftsrat in Stockholm im neutralen Schweden, offenbar parallel zur deutschen Abwehr und zur Opposition, geheime sowjetische Kontakte zu Deutschland. Semjonow wurde 1943 nach einer Information von Kwizinskij ausgezeichnet, weil er Informationen zur Planung der deutschen Operation Zitadelle nach Moskau meldete und die Rote Armee (auch) mit diesem Wissen die Panzerschlacht am Kursker Bogen gewann. (38)

Diese Panzerschlacht im Kursker Bogen (Juli 1943) brachte die Wende an der Ostfront und sie war der Grund für das erstmalige Treffen der Alliierten in Teheran im Dezember 1943 und den Beginn der Diskussion um die gemeinsamen Ziele nach dem Sieg über Hitlerdeutschland. Die Westalliierten hatten begriffen, dass sie Stalin nicht länger mit der immer wieder zugesagten Eröffnung einer zweiten Front hinhalten konnten. Die Rote Armee war nun auf dem Weg nach Westeuropa und im Begriff bis Portugal durchzumarschieren. Das hätte eine Sowjetisierung Westeuropas – mit Ausnahme des Vereinigten Königreichs – bedeutet.

Im April 1945 hatte Stalin Semjonow zu sich bestellt und ihm den Auftrag übertragen, als Politischer Berater von Armeegeneral Shukow in Berlin tätig zu werden.

So kam er mit der 1. Ukrainischen Front im April 1945 nach Berlin. In den nächsten Monaten oblag ihm die Ingangsetzung des zivilen Lebens und der Versorgung der Bevölkerung. Unter seiner Leitung wurde die Administration der Länder und Gemeinden (in Berlin der Magistrat) wiederbelebt und die Bodenreform im September 1945 in der Sowjetisch Besetzten Zone (SBZ) umgesetzt. Das Land wurde Flüchtlingen aus den ehemaligen Ostgebieten übertragen, damit sie sich ernähren konnten.

Dank seiner Erfahrungen in Litauen 1940 und der ausführlichen Studien von 1941 konnte Semjonow sofort im Mai 1945 beginnen (jetzt als einer der ranghöchsten Zivilisten der Sowjetischen Militäradministration in Deutschland), die Enteignung von Großgrundbesitz in der Sowjetischen Besatzungszone (SBZ) nach sowjetischem Vorbild zu planen. Davon waren fast 1/3 der landwirtschaftlichen Nutzfläche in der Sowjetischen Besatzungszone betroffen und mehrere tausend Familien wurden entschädigungslos enteignet und vertrieben.

Unter der Losung „Junkerland in Bauernhand" wurde ab September 1945 begonnen, Großgrundbesitz ab 100 ha, von Nationalsozialisten und Kriegsverbrechern auch Boden unter 100 ha sowie landwirtschaftliche Betriebe in lokale Bodenfonds zu übertragen. Daraus erhielten überwiegend deutsche Vertriebene aus den besetzten sowjetischen und polnischen Gebieten kleine Flächen zur Selbstbewirtschaftung.

In Litauen hatte Botschaftsrat Semjonow im Sommer 1940 nach dem kommunistischen Sieg (Anschluss an die Sowjetunion) in Auswertung der erfolgten Beschlüsse zur Bodenreform festgestellt: *„Die Lösung ‚Den Boden denjenigen, die ihn bearbeiten' war populär. Jedoch die Festsetzung der Obergrenze des Landbesitzes auf 20 ha verletzte die Interessen eines großen Teils der mehr oder weniger wohlhabenden Bauern."* (39)

Der nunmehrige politische Berater der Sowjetischen Militäradministration in Deutschland, Wladimir Semjonow, hatte sich als lernfähig erwiesen, als er schon im Mai 1945 die Grenze für die Enteignungen in der Sowjetischen Besatzungszone (SBZ) von ursprünglich geplanten 20 auf 100 ha erhöhte.

In seinem Buch beschreibt er die Situation kurz nach Kriegsende aus sowjetischer Sicht:

„In Deutschland hatten wir uns jeden Tag mit den brennenden Fragen eines zerstörten Landes herumzuschlagen. In Moskau dachte man ebenfalls nach, mehr über das Problem, wie sich das Verhältnis der UdSSR zu Deutschland nach der Kapitulation gestalten solle. Dort brauchte man eine andere Sicht – sie mußte global, historisch, philosophisch und tiefschürfend sein." (40)

Anfang Juli 1945 rückten die Truppen der Alliierten in die 1944 festgelegten Besatzungszonen ein, in Berlin räumten die Sowjets die Westsektoren. Die Stadt wurde dadurch in eine sowjetische Hälfte und eine westalliierte Hälfte geteilt. (Siehe Grafiken auf Seiten 198 und 199)

An der Potsdamer Konferenz im Sommer 1945 nahm Semjonow als Berater teil. Einige Entscheidungen der Potsdamer Konferenz werden dann 1986/90 in seiner Funktion als Sonderbotschafter eine besondere Rolle spielen, wurden sie doch ein Poker der Amerikaner bei der Planung von Mauerfall und deutscher Einheit.

Semjonow war dann – oftmals kaum sichtbar – an allen politischen Auseinandersetzungen, wie die Blockade der Westsektoren Berlins (Luftbrücke) und Vorbereitungen zur Gründung der DDR beteiligt.

Am 5. Juni 1953 wurde Wladimir Semjonow zum sowjetischen Hochkommissar in Deutschland berufen. Ulbricht hatte Normerhöhungen verfügt und die Arbeiter protestierten.

Wegen der sich dadurch zuspitzenden Situation in der DDR bestellte die sowjetische Führung sowohl Walter Ulbricht, einige Politbüromitglieder und auch Hochkommissar Semjonow am 12. Juni nach Moskau ein.

Dort machte man sie mit den von Berija entworfenen Maßnahmen zur Schaffung einer stabilen politischen Situation in der DDR bekannt. Das hieß im Klartext, den Aufbau des Sozialismus zu verlangsamen und auf die deutsche Einheit hinzuarbeiten. Ulbricht hatte sich dagegen gewehrt und die sowjetischen Gesprächsteilnehmer beschlossen später Ulbricht abzusetzen.

„Berija und dessen Linie in der Deutschlandpolitik werden verurteilt. Und doch sandte man 1953 keinen anderen als Wladimir Semjonow in die DDR, um eben diese Linie durchzusetzen. Wenn man glauben kann, was er selbst erzählte, hatte er den Auftrag, die Übergabe der eben mit seiner aktiven Mithilfe geschaffenen und offenbar nicht lebensfähigen DDR für eine ansehnliche Gegenleistung vorzubereiten. Die Unruhen, zu denen es im Sommer jenes Jahres kam, lenkten jedoch die Entwicklung in eine andere Richtung. Sie spielten eine wichtige Rolle beim Sturz Berijas, zugleich aber auch bei Rettung und Konsolidierung der DDR.“

So der spätere Botschafter in der Bundesrepublik, Juli Kwizinskij, im Nachwort zu Semjonows Buch. (41)

Stalin hatte in seiner Note vom 10. März 1952 den Westmächten ein neutrales Deutschland angeboten. Dieser Vorschlag hätte aber vermutlich auch bedeutet, dass die sowjetische Aktiengesellschaft Wismut, die auf dem Gebiet der SBZ seit 1946 Uran förderte, nicht mehr im alleinigen

Besitz der sowjetischen Armee hätte verbleiben können. Auch hätte der Westen Informationen über die Mengen an gefördertem Uran erhalten. Zu diesem Zeitpunkt waren die sowjetischen Uranförderstätten noch nicht betriebsbereit. Damit wäre es zu der, von Semjonow beschriebenen „schweren Erschütterung" der UdSSR gekommen, da im Rüstungswettlauf die Sowjetunion hätte nicht mithalten können.

Deshalb gab es im Politbüro in Moskau zwei unversöhnliche Positionen: die von Berija, welche die DDR abgeben wollte und die der Armee, welche die DDR behalten wollte.

So spitzte sich nach dem Moskauer Besuch Ulbrichts am 12. Juni die innenpolitische Lage dramatisch zu. Noch heute ist unklar, ob die SED daran beteiligt war, um den Einsatz der sowjetischen Armee zu provozieren. Hinter den Kulissen trugen dann am 17. Juni sowjetische Akteure ihren Machtkampf auf deutschem Boden aus.

Letztlich setzte sich die Sowjetarmee durch, da aus ihrer Sicht die Uranförderung nur in einer selbständigen DDR, die von Moskau kontrolliert wurde, sicher garantiert werden konnte.

1993 veröffentlichte der ehemalige Geheimdienstgeneral Pawel Sudoplatow seine Memoiren **Der Handlanger der Macht**. Sudoplatow war der Mann, der u.a. Trotzki ermorden ließ, die sowjetischen Atomspione in den USA führte und nach dem 2. Weltkrieg den Befehl gab die sowjetischen Doppelagenten zu beseitigten. Er beschreibt ausführlich die Tage vor und nach dem 17. Juni 1953 bis zur Verhaftung Berijas am 25. Juni.

„Die Idee der deutschen Wiedervereinigung stammte ursprünglich nicht von Berija: 1951 hatte sich Stalin persönlich stark dafür engagiert, allerdings unter gebotener Berücksichtigung sowjetischer Interessen. Die Frage wurde noch kurz vor dem Berliner Mauerbau 1961 diskutiert. Ein Fragebogen zu den diesbezüglichen Ansichten, den Ignatiew vor Stalins Tod genehmigt hatte, wurde an sämtliche Geheimdienstposten im Ausland verschickt. Vor den Feiern zum 1. Mai 1953 beauftragte Berija mich mit der Vorbereitung streng geheimer nachrichtendienstlicher Sondierungen, um die Durchführbarkeit der eventuellen deutschen Wiedervereinigung zu ermitteln." (42)

Sudoplatow beschrieb die Konfliktlinien im Kreml: Im Politbüro der KPdSU standen sich in der Deutschland-Frage zwei Fraktionen gegenüber, die Förderer der DDR und Berija, der die DDR an den Westen abgeben (gegen eine Zahlung von 10 Mrd. Dollar) und sie in einer neutralen Bundesrepublik als autonomes Gebiet fortführen wollte. Er sorgte sich um die Kosten, die eine instabile DDR zu Lasten der UdSSR verursachen würde. Deshalb sollte der forcierte Aufbau des Sozialismus in der DDR gestoppt werden. Deutschland sollte als Puffer zwischen den USA und der Sowjetunion agieren.

Wenige Tage später schickte Berija seinen Stellvertreter Goglidse und A. Kobulow, den Leiter der GULAG (Staatliche Verwaltung der Lager, sowjetische Form der Konzentrationslager) nach Berlin. Offenbar waren sie gekommen, um Ulbricht und die Seinen mitzunehmen, um Ihnen die unendlichen Weiten Sibiriens zu zeigen und den Liberalen Hermann Kastner als neuen Regierungschef einsetzen. Aber die Lage hatte sich nach dem 17. Juni total geändert. Zur Reise dieser Häscher merkt Semjonow an:

„Inzwischen traten aber Entwicklungen ein, die auch mein Leben bedrohten. Berija war zwar nicht nach Berlin geflogen, hatte aber seinen Stellvertreter für besonders wichtige Fälle, Goglidse, und den Chef des GULAG, der Hauptverwaltung der Lager, Kobulow, nach Berlin entsandt, den ich noch aus meiner Tätigkeit 1940/41 in der Berliner Botschaft kannte. Man berichtete mir, auf der Versammlung des Parteiaktivs des Ministeriums für Staatssicherheit in Moskau sei davon gesprochen worden, Goglidse und Kobulow hätten den Auftrag, Material zu sammeln, das beweise, daß Semjonow und Marschall Tschuikow den faschistischen Putsch selbst organisiert hätten. Am 25. Juni erhielten wir jedoch die Weisung aus der Zentrale, Goglidse und Kobulow festzunehmen und nach Moskau zu überstellen. Ich rief Goglidse an und bat ihn zu mir. Es gibt etwas Wichtiges zu besprechen. Goglidse erschien kurz darauf. Als er in mein Arbeitszimmer trat, stellten sich zwei Offiziere mit gezogenem Revolver hinter ihn. Marschall Sokolowski verlas ihm den Befehl. ‚Auf Beschluß erkläre ich Sie hiermit für festgenommen.' Goglidse blickte verstört um sich, als er unter militärischer Bewachung über den Hinterausgang aus meinem Zimmer geführt wurde.

Mit Kobulow war es etwas schwieriger. Äußerlich verkehrten wir miteinander so freundschaftlich wie früher, aber Kobulow hatte offensichtlich Lunte gerochen ...

‚Ich versuche dauernd Moskau anzurufen, bekomme aber keine Verbindung' teilte er mir mit. ‚Sobald ich Moskau erreicht habe, komme ich zu dir'.

‚Mein Telefon ist in Ordnung, komm zu mir und rufe von hier an, wenn Du willst, Amajak.' Eine Stunde später erschien er. Noch einmal dieselbe Szene wie bei Goglidse. Aber Kobulow war ein Feigling. Er fiel in Ohnmacht, und wir mußten ihn aus meinem Arbeitszimmer tragen. Am 26. Juni flogen Sokolowski und ich nach Moskau, um dort am Plenum des ZK der KPdSU zum Fall Berija teilzunehmen. Im hinteren Abteil der Maschine saßen unter strenger Bewachung die verhafteten Abgesandten des Ministeriums für Staatssicherheit. Auf dem Plenum des ZK wurde der ‚Fall Berija' behandelt. Ihn selbst hatte man am Tag zuvor auf einer Sitzung des Präsidiums verhaftet. Wäre dieses Plenum des ZK später einberufen worden, hätte ich wohl kaum dieses Buch schreiben können [...] Später hörte ich mir in Molotows Arbeitszimmer die Übertragung von der Gerichtsverhandlung gegen Berija an. Den Vorsitz führte Marschall Iwan Konew. Alle Angeklagten wurden zum Tod durch Erschießen verurteilt." (43)

Die Geschichtsschreibung verortet die Gerichtsverhandlung und die Vollstreckung der Todesurteile im Dezember 1953. Vermutlich hatte Chruschtschow, der sich von Stalin und seinen Methoden der Willkür absetzen wollte, ein Gerichtsverfahren nachträglich inszeniert, um der Welt „saubere Urteile" vorweisen zu können. **Link-41**

Semjonow wurde 1954 zum Stellvertreter des Außenministers berufen. Er war in dieser Funktion an der Vorbereitung des Berlin-Ultimatums Chruschtschows und danach an der Planung zum Mauerbau beteiligt.

Der spätere sowjetische Botschafter in Bonn (1986–1990), Kwizinskij, schreibt im Nachwort zu Semjonows Buch.

„So berichtet er auch nicht von seiner Rolle bei der Ausarbeitung des sogenannten Berlin-Ultimatums Chruschtschows und bei den Vorbereitungen zur Schließung der Grenze in Berlin im Jahre 1961. Wahrscheinlich wollte er diese Episode nach der Vereinigung Deutschlands nicht mehr erwähnen." (44)

Die einzige Lücke im eisernen Vorhang, der West- und Osteuropa teilte, die auch zunehmend mehr von Bürgern anderer sozialistischer

Länder genutzt wurde, war die offene Berliner Sektorengrenze. An den Westgrenzen Ungarns und der Tschechoslowakei lagen schon seit Ende der 40er Jahre Minen. In Ungarn waren sie 1956 geräumt worden, wurden dann aber nach der Niederschlagung des Aufstandes 1956 wieder verlegt.

Flüchtlinge, die in Westberlin ankamen, konnten per Flugzeug in die Bundesrepublik weiterreisen. Im Jahr 1961 verließen bis zum 13. August etwa 180.000 Bürger die DDR, davon etwa 50% jünger als 26 Jahre. Das waren 1961 über 20.000 Menschen monatlich, so viele wie im Krisenjahr 1953. Wie viele Bürger anderer sozialistischer Staaten die Lücke nutzten, ist mir nicht bekannt.

Geopolitisch hatte sich in diesen Jahren einiges verschoben. Die meisten Kolonien Frankreichs und Englands wurden unabhängige Staaten, die UdSSR trat mit dem Start des Sputniks 1957 in die Phase der Weltraumeroberung ein und am 12. April 1961 umkreiste ein Russe als erster Mensch die Erde. Die USA erlitten in der Schweinebucht auf Kuba im April 1961 ein Fiasko. Die Sowjetunion zündete die erste Wasserstoffbombe.

Diese Ereignisse stärkten die Position der UdSSR und ließen Chruschtschow härter gegenüber dem Westen auftreten, zumal die DDR durch die Republikflucht der Leistungsträger zunehmend schwächelte und damit aus Moskauer Sicht immer unberechenbarer wurde.

Ende 1958 stellte der sowjetische Partei- und Staatschef den Westmächten zu Westberlin ein Ultimatum. Er wollte sie zwingen, einen Friedensvertrag mit Deutschland zu schließen und Westberlin in eine „Freie Stadt" umzuwandeln. Er drohte, falls das nicht passieren würde, mit der DDR einseitig einen Friedensvertrag abzuschließen und alle Rechte als Siegermacht an die DDR abzutreten. Damit würde dann beispielsweise der Luftraum über Berlin der DDR-Hoheit unterliegen.

Zum 16. Mai 1960 war zur Beratung dieses Ultimatums in Paris eine Gipfelkonferenz der vier Alliierten einberufen worden. Da am 1. Mai 1960 die Sowjets ein amerikanisches Spionageflugzeug über Swerdlowsk abgeschossen hatten und der Pilot über seine Spionage-Aktion detailliert Auskunft gab, forderte Chruschtschow gleich zu Beginn der Konferenz eine Entschuldigung der Amerikaner.

Die Amerikaner hatten verlautbart, dass das sehr hoch fliegende Flugzeug vom Typ U2 ein Wetteraufklärungsflugzeug gewesen sei, was die Stratosphäre erforschen sollte. Allerdings berichtete der Pilot von seinem Spionageauftrag sowie der Flugroute und zeigte die Giftnadel, die in einem Geldstück versteckt war. Er hätte sie im Falle der Gefangennahme benutzen sollen.

Der Pilot, Gerry Powers, wurde dann 1964 auf der Glienicker Brücke in Westberlin gegen den sowjetischen Atomspion Rudolf Abel ausgetauscht.

Da diese Entschuldigung seitens der Amerikaner ausblieb, reiste die sowjetische Delegation vorfristig ab. Der SPIEGEL schrieb am 25.05.1960: *„[…] Hatte das westliche Konzept darin bestanden, Chruschtschow den Berlin-Knüppel mittels einer Serie endloser Konferenzen abzulisten, so fühlte sich Chruschtschow in der Haut des West-Touristen immer beargwöhnter und unbehaglicher. Das amerikanische Wahljahr schien, entgegen ursprünglichen Hoffnungen und Befürchtungen, jede politische Entscheidung unmöglich zu machen. Chruschtschow ließ den Gipfelpfad vereisen.“* **Link-42**

Vermutlich hatte schon bei Abreise der Sowjets nach Paris festgestanden, dass man den Heimflug eher antrat, um dann ausführlich mit der DDR-Regierung den Mauerbau zu planen. Den Sowjets war klar geworden, dass es keine Freie Stadt Berlin geben würde und dass sie handeln mussten.

Manchmal verraten Kleinigkeiten, was in der großen Politik verschwiegen wird. 1995 hatte ich von einem meiner Moskauer Gesprächspartner aus dem Nachlass seines Vaters eine Einladung für das Festessen in Ostberlin anlässlich des Empfangs Chruschtschows auf der Rückreise von Paris geschenkt bekommen.

Ich wunderte mich damals, dass kein Datum für das Festessen angegeben war. Nach meinen Recherchen zum Buch vermute ich jetzt: Man hatte die plötzliche Abreise in Paris schon vor dem Abflug aus Moskau eingeplant, nur das Datum war unklar.

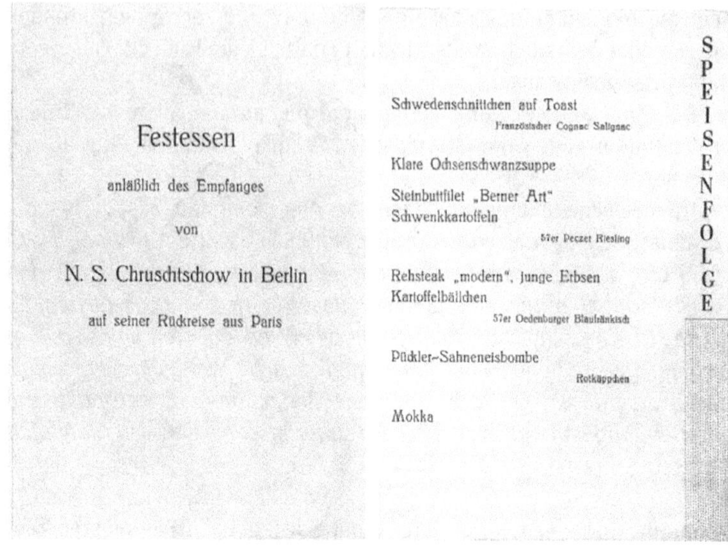

Im November 1961 sagte Nikita Chruschtschow zu Hans Kroll, Botschafter der Bundesrepublik Deutschland:

„Man kann sich unschwer ausrechnen, wann die ostdeutsche Wirtschaft zusammengebrochen wäre, wenn wir nicht bald etwas gegen die Massenflucht unternommen hätten. Es gab nur zwei Arten von Gegenmaßnahmen: Die Lufttransportsperre oder eine Mauer. Die erstgenannte hätte uns in einen ernsten Konflikt mit den Vereinigten Staaten gebracht, der möglicherweise zum Krieg geführt hätte. Das konnte und wollte ich nicht riskieren. Also blieb nur die Mauer übrig. Ich möchte Ihnen auch nicht verhehlen, dass ich es gewesen bin, der letzten Endes den Befehl dazu gegeben hat. Ulbricht hat mich schon seit längerem und in den letzten Monaten immer heftiger gedrängt, aber ich möchte mich nicht hinter seinem Rücken verstecken. Er ist viel zu schmal für mich." (45)

Juli Kwizinskij beschreibt in seinen Memoiren **Vor dem Sturm** seine Zeit an der sowjetischen Botschaft in Ostberlin von 1958–1965 und nach seiner Rückkehr nach Moskau die beginnenden Arbeiten an der Lösung der Westberlin-Frage, die dann am 3. September 1971 im Vierseitigen Abkommen/Viermächte-Abkommen ihre Lösung fanden.

Seine Ausführungen zeigen die Abhängigkeit der DDR-Führung von der sowjetischen Politik, aber auch das deutsche Phänomen der Suche nach einer schützenden Hand und freiwilliger Ein- und Unterordnung im vorauseilenden Gehorsam. Man schützte sich vor sich selbst und delegierte Verantwortung.

Zum geflügelten Wort wurde der Ausspruch des 2. Sekretärs der Sowjetbotschaft in Ostberlin, Belezki, anlässlich eines Interviews in Westberlin nach dem Mauerbau:

„Die Deutschen haben ihr Selbstbestimmungsrecht in den Öfen von Majdanek und Treblinka verbrannt." (46)

Hier einige markante Zitate von Politikern und Diplomaten dieser Zeit: Der sowjetische Parteichef Chruschtschows zu Walter Ulbricht am 01.08.1961:
„Ich habe unseren Botschafter gebeten, Ihnen meinen Gedanken darzulegen, dass man die derzeitigen Spannungen mit dem Westen nutzen und einen eisernen Ring um Berlin legen sollte." Link-43

Walter Ulbricht zum Sowjetbotschafter Michail Perwuchin nach dem Mauerbau:
„Melden sie dem Genossen Chruschtschow: Befehl ausgeführt. Alles in Ordnung" (47)

Erich Honecker zu Egon Krenz im August 89:
„Vor dem Mauerbau sind uns viel mehr Menschen weggelaufen. Daran war Nikita Chrustschow schuld. Sein Gerede von einer Freien Stadt Berlin und von einem Friedensvertrag mit der DDR hat die Leute in Panik versetzt." (48)

Juli Kwizinskij zu den Auswirkungen des 13. August 1961:
„In propagandistischer Hinsicht bekam der Westen in Gestalt der Mauer, die Ulbricht antifaschistischer Schutzwall' taufte, einen langfristigen Trumpf gegen die DDR und die Sowjetunion in die Hand. Dieser Trumpf wurde in den folgenden Jahren mit aller Konsequenz ausgespielt. Schließlich hatte sich gezeigt, dass das Experiment eines Sozialismus auf

deutschem Boden nur durch Schließung der Grenze zu bewahren war. Aber die Existenz der DDR wurde um weitere 30 Jahre verlängert, und die Krise in Europa ebbte ab. Vieles, was in Europa später geschah – bis hin zum Moskauer Vertrag und zum Beginn des KSZE-Prozesses – hat seine Wurzeln in der erneuten Abgrenzung der Einflußsphären im Nachkriegseuropa am 13. August 1961." (49)

Juli Kwizinskij zum Entspannungsprozess:
„Die Beseitigung des Sozialismus in Osteuropa konnte mit militärischer Gewalt nicht erreicht werden. Dies sollte vielmehr mit Hilfe der Bahr'schen Politik vom ‚Wandel durch Annäherung' erreicht werden. Sie korrespondierte übrigens in genialer Weise mit unseren Aufrufen zur friedlichen Koexistenz und zum friedlichen Wettbewerb mit dem Westen. Bahr kam uns gleichsam mit offenen Armen entgegen.

Heute muß man anerkennen, daß er weit voraussah. Die Gefahren, die von seinem Plan ausgingen, sah damals in Moskau kaum jemand. ‚Was für ein Unsinn', sagte man bei uns ‚die KPdSU soll ihre Macht selbst demontieren? Das passiert nie im Leben', aber Bahr dachte richtig. Hauptziel dieser Strategie wurde bald die DDR und die UdSSR. Warum die UdSSR? Weil, wie Brandt sich ausdrückte, der Schlüssel zur Wiedervereinigung niemals an der chinesischen Mauer, sondern immer in Moskau lag." (50)

Juli Kwizinskij zu Egon Bahr:
„Sein Plan lief darauf hinaus, von der Politik der Konfrontation zu einer Politik immer breiterer Zusammenarbeit mit den sozialistischen Ländern überzugehen. Dadurch sollten in den Ländern des sozialistischen Lagers mit der Zeit materielle und geistige Bedürfnisse geweckt werden, die die dort herrschenden Regime, so wie sie bestanden, nicht befriedigen konnten. Das werde, so rechnete Bahr, einen ständig wachsenden inneren Druck auf die regierenden kommunistischen Parteien erzeugen.

Das Endziel bestand nach Bahr darin, die herrschenden kommunistischen Parteien dazu zu bringen, mit eigenen Händen an die Demontage ihrer Regierung zu gehen." (51)

2. 1978–1986: Außerordentlicher und Bevollmächtigter Botschafter der UdSSR in der Bundesrepublik Deutschland

Die Berufung Wladimir Semjonows als Botschafter – 33 Jahre nach Kriegsende und 25 Jahre nach der Niederschlagung des Aufstandes vom 17. Juni 1953 mit vielen noch lebenden Zeitzeugen – wurde allerdings von zahlreichen kritischen Stimmen in der Bundesrepublik begleitet. Vertriebenenverbände, Verbände der enteigneten ostdeutschen Bauern, Politiker, Zeitungskommentatoren erinnerten an Semjonows Aktivitäten zwischen 1945 und 1953.

Sie hinterfragten noch vor der Akkreditierung Semjonows Zeit als politischer Berater in der Sowjetischen Militäradministration in Deutschland bei den Enteignungen der ostdeutschen Bauern (Bodenreform), als Hochkommissar in der DDR und seine Verantwortung bei der Niederschlagung des Aufstandes am 17. Juni 1953 mit vielen Toten und den nachfolgenden Schauprozessen.

So gab es keine wohlwollende mediale Aufmerksamkeit, nachdem die Medien von der Ernennung des neuen Sowjetbotschafters erfahren hatten.

Was tun? – fragte schon Lenin, und die Partei hatte auch diesmal eine Antwort. Offenbar hatte man das Auftauchen dieses Problems erwartet und eine medial wirksame Lösung geplant.

Sie war ein Beispiel für ein gelungenes, nachrichtendienstlich gesteuertes Wahrnehmungsmanagement und die bundesdeutsche Presse beteiligte sich an der medialen Multiplikation.

Ich möchte deshalb etwas ausführlicher darauf eingehen.
In seinem Buch beschreibt Semjonow, wie er in seiner Funktion als stellvertretender Außenminister einem sowjetischen Bürger griechischer Nationalität, George Kostakis, die Ausreise ermöglichte. Dieser Mann hatte eine umfangreiche Sammlung der russischen Avantgarde und suchte einen Weg dem Staat Teile davon gegen die Gewährung der ständigen Ausreise zu übergeben.

Um die Ausreise zu ermöglichen, kontaktierte Semjonow den stellvertretenden Minister des KGB.

„Ich rief Filip Denissowitsch über die Regierungsleitung an und schilderte ihm Kostakis Lage: Er besitzt eine große Sammlung von Künstlern der zwanziger Jahre, die heute bei uns nicht anerkannt sind. Das wird sich mit der Zeit ändern [...] Kostakis bittet darum, ausreisen zu dürfen. Er will der Tretjakow-Galerie ein Drittel der Sammlung vermachen." (52)

Der KGB stimmte zu, es waren dann die bedeutendsten 800 der über 2.000 Werke, die in der UdSSR verblieben.

Dieses Telefonat muss Ende 1976 oder Anfang 1977 stattgefunden haben, denn Kostakis reiste 1977 aus. Ebenfalls 1977 fand in Düsseldorf durch den Kunstverein für die Rheinlande und Westfalen die Ausstellung „Russische Avantgarde 1910–1930" mit Werken aus der Sammlung Kostakis aus Moskauer Museen statt. Die New York Times widmete Kostakis 1990 einen längeren Beitrag, sein Lebenswerk würdigend. **Link-44**

Die Personalentscheidung zur Neubesetzung einer wichtigen Botschafterstelle benötigte damals in der Sowjetbürokratie etwa ein Jahr. Es drängt sich die Frage auf: Waren die großzügige Ausreise Kostakis 1977 in den Westen mit etwa 1.200 Kunstwerken und die Ausstellung eines Teils seiner in Moskau verbliebenen Sammlung in Düsseldorf schon im Hinblick auf die Übernahme des Botschafterpostens durch Semjonow erfolgt?

War das bereits ein Teil des Wahrnehmungsmanagements?
Sein Amtsvorgänger Falin hatte den Botschafterposten seit Mai 1971 inne. 1977 war er schon sechs Jahre im Amt und man begann, einen Nachfolger zu suchen. Außenminister Gromyko teilte Semjonow im Juli 1978 mit, dass er als neuer Botschafter in Bonn vorgesehen sei. Damit waren die Bestätigungen hinter den Kulissen erfolgt.

Am 13. November 1978 kam Semjonow mit dem Zug in Bonn auf dem Hauptbahnhof an. So war es – im Gegensatz zu einer Anreise per Flugzeug – möglich, das Ausladen vieler Kisten aus dem Schlafwagen in der Öffentlichkeit zu zeigen und die Nachricht *„Sowjetbotschafter mit privater Kunstsammlung angekommen"* in Wort und Bild medial in die Welt zu setzen. Auch konnte die Welt die etwa 30 Jahre jüngere, sehr attraktive Ehefrau des 67-jährigen bestaunen. (53)

Der Boden für den Auftritt des Genossen Botschafters als Kunstmäzen war – wie es aus heutiger Perspektive erscheint – längerfristig vorbereitet worden.

So setzte die sowjetische Seite in einem ersten Schritt auf Semjonows guten Ruf, den er sich international bei der Unterstützung von Kostakis Ausreise wenige Monate vorher erworben hatte.

Recht bald folgte der zweite Schritt.
In seinem Buch beschreibt Semjonow, wie er den Kunstmäzen Prof. Dr. Peter Ludwig kennenlernte:

„Auf einem diplomatischen Empfang traf ich einen Mann, der sich für Kunst interessierte. Ich lud ihn mit seiner Frau in meine Residenz ein, um abends ungestört mit ihm sprechen zu können. Er schaute sich die Bilder unserer Privatsammlung an, die wir aus Moskau mitgebracht hatten. Der Gast zeigte wirkliches Interesse und so begann eine enge Freundschaft unserer Familien, der die Begeisterung für die moderne russische und sowjetische Kunst des 20. Jahrhunderts zu Grunde liegt." (54)

Schon im 16. Monat nach seiner Akkreditierung in der Bundesrepublik wurde im Museum Ludwig in Köln unter großer öffentlicher Anteilnahme am 28. März 1980 die Ausstellung Russische Kunst aus der Sammlung Semjonow eröffnet. Link-45

Mit der Kunstausstellung sollte die Meinungsbildung der Intellektuellen und Besitzenden in der Bundesrepublik positiv beeinflusst werden.

Deshalb konnte das mediale Ereignis nicht irgendeine Kunstausstellung sein, sondern musste mit der Person Semjonows verbunden werden und eine gedankliche Brücke zu Kostakis Sammlung der russischen Avantgarde schlagen. Semjonow und Kostakis – Brüder im Geiste!

Diese Botschaft war für die überwiegend linken Intellektuellen bestimmt. Aber noch wichtiger war: Ein Sowjetbotschafter, Besitzer einer hochwertigen Kunstsammlung, konnte anderen Besitzenden in der BRD auf Augenhöhe begegnen. Ein genialer Schachzug.

Die Ausstellung bestand fast zur Hälfte aus Kunstwerken, die Semjonow drei Jahre früher seinem KGB-Gesprächspartner als „heute bei uns nicht anerkannt" beschrieben hatte.

1984 wurden in einer Ausstellung Bilder aus der Sammlung Kostakis (des Teils, den er mit in den Westen mitnehmen durfte) nach einer Aufarbeitung in New York in München und Hannover gezeigt. Die Medien waren begeistert und Semjonow war wieder in aller Munde.

Semjonow positionierte sich medial in der Bundesrepublik als fortschrittlicher, sowjetischer Kunstmäzen. Vergessen war nun für die meisten Kritiker der bolschewistische Politkommissar und Verantwortliche für die Niederschlagung des Aufstandes vom 17. Juni 1953. Eine gelungene Wandlung vom Saulus zum Paulus.

Die Sammlung Semjonow (so, wie in Esslingen 1984 präsentiert) umfasste 92 Werke von über 30 Künstlern, u.a von Marc Chagall die Aquarelle „Der Hof" von 1909 und „Die Zärtlichkeit" von 1955. Wassili Kandinski war mit der Tuschezeichnung „Lyrische Abstraktion" und Alexander Drewin mit acht Gemälden und Aquarellen vertreten: Stadt Dimitrow, Altai-Gebirge. Bei der heiligen Quelle, See im Altai-Gebirge, Landschaft mit einem weißen Haus, Die Straße, Stiere an der Tränke. Die Barke und Seebild mit Segelboot. Von den Künstlern der russischen Avantgarde waren weiterhin Pawel Kusnezow mit 18 Werken, Natalija Gontscharowa mit neun Werken und Michail Larionow mit fünf Bildern vertreten. Link-46

Meine Vermutung ist, dass die Regierung ihrem Botschafter, der zweifelsohne Bilder sammelte, für diese Aktion weitere Bilder zur Verfügung gestellt hatte. Denn ich denke nicht, dass ein linientreuer und der Partei ergebener Funktionär beispielsweise Bilder von Alexander Drewin erwarb, die von der Partei über drei Jahrzehnte als „Machenschaften des Imperialismus" bezeichnet worden waren, geschweige denn, dass er sie in seiner Wohnung aufgehängt hätte.

Auch war Privatbesitz bis zu Stalins Tod 1953 in höchstem Grade bürgerlich und dekadent. Das änderte sich zwar schrittweise in den späteren Jahren, aber Besitz von umstrittenen Bildern aus der Zeit der revolutionären Avantgarde? Nein, das ging nicht. Da war die Selbstzensur der Genossen zu groß. Ich hatte 1991 – noch zu Zeiten der Sowjetunion – als Leiter der Repräsentanz eines US-Konzerns in Moskau viele Kontakte zu Ministerien und Kombinaten und erlebte täglich, wie die, der Partei treu ergebenen höheren Funktionäre auch noch in der Zeit der Perestroika tickten. Von diesen Apparatschiks hätte sich keiner diese Bilder an die Wand gehängt. Weitere Kunstausstellungen unter seiner Schirmherrschaft folgten und Botschafter Semjonow machte sich international einen Namen als Kunstmäzen.

Natürlich gab es auch Fragen, wie er bei seinem Gehalt diesen Kunstankauf finanziert haben will (eine Anspielung auf die KGB Asservaten-Kammern). Blickt man auf das egalitäre Entlohnungsprinzip in der UdSSR und anderen sozialistischen Ländern zurück, sind auch diese Fragen berechtigt.

Während in der DDR von einem Verhältnis von max. 1:9 bei minimalem zu maximalem Lohn/Gehalt gesprochen werden konnte, war das Verhältnis in der UdSSR nur etwa 1:5.

Das heißt, nominal bekam eine Hilfskraft 120 Rubel im Monat und ein Minister etwa 600 Rubel – also fünf Mal soviel. Man vergleiche mit heute: Der Chef der Deutschen Post erhält 232 Mal so viel wie seine Mitarbeiter, wie die ZEIT berichtete. **Link-47**

Um aus ideologischen Gründen den Anschein von Egalität zu wahren, hielten alle kommunistischen Parteien der sozialistischen Länder ihre Nomenklatura mit bestimmten, von außen nicht klar zu erkennenden Extras bei Laune.

Denn für ein Verhältnis von 1:5 bis 1:9 hätte man keine Führungskräfte gefunden, die 60 Stunden in der Woche rackerten und den Kopf hinhielten. Deshalb gab es eine kostenlose, standesgemäße Dienstwohnung, ein Auto mit Fahrer, spezielle Läden, Catering durch die Außenstellen der Kreml-Kantinen, Urlaubsreisen – nur für einen bestimmten Personenkreis und dessen kargem Gehalt angemessen. Ein Witz aus Sowjetzeiten illustrierte das:

„In der Sowjetunion gibt es viele Rote und nur wenige Schwarze! Die Roten: Sie haben den Roten Platz, die rote Fahne und das rote Halstuch. Die Schwarzen: Essen schwarzen Kaviar, fahren schwarzen Wolga und haben im Sommer einen Urlaubsplatz am Schwarzen Meer."

Fazit

Die Etablierung eines Botschafters als Kunstmäzen und die kritiklose Weiterverbreitung der Story durch die bundesdeutschen Medien konnte als Blaupause des Wahrnehmungsmanagements für den Mauerfall gelten. Eine verdeckte, mit militärischer Präzision geplante Aktion wurde dann 1989 so durchgeführt, dass die Medien über alles spekulierten – nur nicht über einen Plan, wer ihn entwarf und ausführte. Die Frage Cui bono wurde nie gestellt.

Es schien, dass die bundesdeutschen Medien bei der Berichterstattung sowohl zum Kunstmäzen Semjonow als auch später zum Mauerfall den Hinweis des früheren US-Präsidenten Franklin Roosevelt vergessen hatten:

„In der Politik geschieht nichts zufällig. Wenn etwas geschieht, kann man sicher sein, dass es auch auf diese Weise geplant war." (55)

3. 1986–1991: Sonderbotschafter der UdSSR mit Wohnsitz in Köln

Wladimir Semjonow trat zweimal in den Ruhestand. Diese Aussage stimmt, je nachdem, welche Lesart zum Mauerfall und der deutschen Einheit man wählt.

Semjonow war im April 1986, als er den Botschafterposten in Bonn verließ, schon 75 Jahre alt. Es konnte jedermann glaubhaft vermittelt werden, dass er in diesem Alter in den Ruhestand getreten war. Noch während des 27. Parteitages der KPdSU im Februar 1986, war Juli Kwizinskij vom Politbüro als neuer sowjetischer Botschafter in Bonn bestätigt worden. Er wurde Ende April in Bonn akkreditiert und Semjonow ging, wie die Medien berichteten, in den Ruhestand.

Kurze Zeit später ernannte ihn der sowjetische Außenminister Schewardnadse als Sonderbotschafter und Berater. Semjonow nahm seinen deutschen Wohnsitz in Köln und lebte dort bis zu seinem Tode Ende 1992.

Waren die bisherigen Etappen im politischen Leben Semjonows anhand der Literatur mehr oder weniger gut nachvollziehbar, fehlen über seinen letzten Lebensabschnitt ab 1986 die Informationen.

KGB und GRU-Archive wurden bisher nicht geöffnet. Viele Vorgänge in den Archiven des sowjetischen Außenministeriums unterliegen noch mehrere Jahre der Geheimhaltung. Aber trotzdem gibt es Hinweise zur letzten Etappe in Semjonows Leben.

Semjonow ging, wie die DDR-Nachrichtenagentur ADN aus Moskau unter Berufung auf TASS berichtete, in den Ruhestand. ADN berichtete aber nicht über den Wohnsitz des Pensionärs – in Köln, Bundesrepublik Deutschland. Dieser Weltenwechsel war zur damaligen Zeit äußerst ungewöhnlich für einen Bürger der UdSSR.

Man könnte denken, dass Semjonow nicht mehr in der sowjetischen Politik tätig war und als Rentner vielleicht uninteressant geworden war. Allerdings gab es zur damaligen Zeit (sozialistisches System, Ausreise aus dem Land nur mit behördlicher Genehmigung, eine nicht konvertible Binnenwährung unter Beachtung des niedrigen sowjetischen Gehaltsniveaus) keine Möglichkeit als sowjetischer Rentner im Westen zu leben. Auch hätte man als Bürger sozialistischer Staaten erst in ein Aufnahmelager mit Befragung durch den BND bzw. Verfassungsschutz gemusst. Die Personenfreizügigkeit in Europa umfasst auch heute nur die Länder der EU.

Einzige Ausnahmen damals auf sowjetischer Seite: Die Übersiedlung von Juden und Deutschen oder die Ausweisung Oppositioneller.

Semjonows Ausreise als „normaler" Pensionär wäre nur unter einer Bedingung möglich gewesen: Die Ausreise erfolgte im Interesse der UdSSR und auch die Bundesregierung war damit einverstanden. Das Okay dürften in diesem Fall letztlich die Amerikaner gegeben haben, da sie sich geopolitische Vorteile aus dieser geheimen Mission Semjonows versprachen. Er sollte die deutsche Einheit vorbereiten.

Nur widerspräche das diplomatischen Gepflogenheiten: Ein Pensionär ohne diplomatischen Status als Emissär? Wer hätte den ernst genommen? Der Pensionär muss noch einen wichtigen, im beiderseitigen Interesse liegenden Auftrag gehabt haben.

Wikipedia: Unterschiedliche Angaben zu Semjonows Tätigkeit ab 1986. Bei Wikipedia (deutschsprachige Ausgabe) steht, dass Semjonow nach Abberufung als Botschafter in Bonn pensioniert wurde und in Köln seinen Ruhesitz nahm und dort starb. **Link-48**

Dieser Aussage widerspricht Wikipedia in der englischsprachigen Ausgabe, die seit 2005 im Netz vorzufinden ist und bisher über 60 Mal verändert wurde (Google, Vladimir Semyonov Ambassador). **Link-49**

Man stellt mit Erstaunen fest, dass Semjonow von 1986–1991 als „Ambassador at Large, Counsellor to the Foreign Minister" tätig war, zu Deutsch: Sonderbotschafter und Berater des Außenministers. Da drängt sich eine Frage auf: Was machte 1986–1991 ein Sonderbotschafter der UdSSR in Deutschland, wohnhaft in Köln? Warum gab und gibt es dazu für die Deutschen keine Informationen?

Ein Sonderbotschafter wird nur für einen besonderen Anlass berufen, beispielsweise zur Verhandlung eines bedeutenden Vertrages. Der Außerordentliche und Bevollmächtigte Botschafter hingegen vertritt sein Land in allen Fragen bei der Regierung des Empfängerstaates. Er muss als Vertreter dort anerkannt sein, was durch das Beglaubigungsschreiben erfolgt, das dem Bundespräsidenten übergeben wird. Die Bestätigung erfolgt durch die Akkreditierungsurkunde.

Manchmal agieren Sonderbotschafter im Geheimen. Man versteckt (in beiderseitigem Interesse) ihre Anwesenheit, weil daraus in der Öffentlichkeit Schlüsse über ihre Aufgaben gezogen werden könnten. „Pensionär mit Wohnsitz Köln" hat eine andere Qualität in der Aussage als „sowjetischer Sonderbotschafter", obwohl Letzterer der historischen Wahrheit näher kommen dürfte.

Warum werden Semjonows Titel und seine Aufgaben verschwiegen? **Link-50**

Meine Vermutung ist, dass es zwischen den Alliierten und den Westdeutschen abgestimmt war, um Unruhen in der Sowjetunion, in der DDR und im Ostblock vorzubeugen. Die bisherige Lesart der Gründe für den Mauerfall sind entweder laut den Amerikanern Chaos/Zufall oder laut den Deutschen eine friedliche Revolution.

Da passte Semjonow als Sonderbotschafter und Berater seines Außenministers nicht ins Bild. Andererseits sind jetzt über 30 Jahre vergangen und ich denke, eine Neubewertung des Mauerfalls und seiner Beteiligten durch die Russen steht an. Dann aber würde ein sowjetischer

Sonderbotschafter und Berater seines Außenministers sehr gut in die Erzählung zum Mauerfall passen.

Semjonow beendete sein Buch mit diesem Satz:

„Als der XXVII. Parteitag der KPdSU vorbereitet wurde, bat man mich im Frühjahr 1985 ins ZK der KPdSU, wo der damals zweite Mann in der Partei, Jegor Ligatschow, mir anbot, ich sollte mich entscheiden, entweder mit 400 Rubeln im Monat in Pension zu gehen, mit einem Gehalt von 100 Rubeln Berater im Außenministerium zu bleiben oder den Botschafterposten in einem kleinen Land zu übernehmen. Ohne lange zu überlegen, nahm ich das erste Angebot an. Ich hatte lange genug im Ausland gelebt und wollte nun endlich in die Heimat zurück." (56)

Eduard Schewardnadse übernahm im Sommer 1985 das Amt als Außenminister, also nach diesem Gespräch. Dieser Amtswechsel brachte Semjonow einen Anschlussjob in Deutschland.

Er schreibt in der Einleitung zu seinem Buch:

„Mein Schicksal wollte es, dass ich nach meiner Pensionierung im Jahre 1991 aus dem aktiven Leben ausscheiden musste. Ich hatte eine Reihe von Operationen zu überstehen und konnte deshalb dem Gang der inneren und äußeren Dinge meines Landes nicht mehr folgen." (57)

Das Neue Deutschland vom 18.04.1986 meldete auf Seite 15, dass das Präsidium des Obersten Sowjets der UdSSR Juli Kwizinski zum Außerordentlichen und Bevollmächtigten Botschafter der UdSSR in der Bundesrepublik Deutschland ernannt hat. „Er löst in diesem Amt Wladimir Semjonow ab, der in den Ruhestand tritt."

Was hat Semjonow in der Bundesrepublik gemacht? Semjonow teilte dem aufmerksamen Leser unmissverständlich schon im Titel der Memoiren mit, dass er erst 1991 pensioniert wurde. Im Titel seiner Memoiren steht als Ende seiner diplomatischen Mission 1991 und nicht 1986, als er seine Abberufung als Außerordentlicher und Bevollmächtigter Botschafter der UdSSR in der Bundesrepublik Deutschland in den Händen hielt.

Titelblatt des Buches, 1995 in der Nicolaischen Verlagsbuchhandlung Berlin erschienen

Das Politische Archiv des Auswärtigen Amtes teilte mir auf Anfrage am 27.01.2021 mit, dass Semjonow die Bundesrepublik am 19.04.1986 verlassen hat.

Stuttgarter Zeitung, 22.12.1992, S. 0 / POLITIK
Wladimir Semjonow gestorben
Ehemaliger Sowjetbotschafter erliegt einer Lungenentzündung
BONN/KÖLN (dpa). Der langjährige Botschafter der ehemaligen Sowjetunion in Bonn, Wladimir Semjonow, ist im Alter von 81 Jahren in Köln gestorben. Semjonow, … lebte in den letzten Jahren in der Domstadt.

Stützt man sich auf die Aussage des englischsprachigen Wikipedia, so ist es verständlich, dass es keine weiteren Aussagen zu den Aufgaben dieses Sonderbotschafters gibt. Das Ergebnis ist bekannt und die Akten, die den sicher verworrenen Weg zu Mauerfall und Einheit beschreiben, liegen unter Verschluss. Wie schon angedeutet, wissen wir demnächst, ob sie weitere 30 Jahre unter Verschluss liegen werden.

Man denke an Kwizinskijs Hinweis im Nachwort zu Semjonows Memoiren:

„Über interessante und wenig bekannte Tatsachen und Dokumente konnte man nicht schreiben, weil damit Geheimnisse enthüllt worden wären, über die nicht der Verfasser, sondern lediglich Partei und Staat verfügten". (58)

Und noch ein Gedanke: Es ist nicht abwegig, das Verhalten der Sowjetunion gegenüber den deutschen Genossen als Verrat zu bezeichnen, wendet man die Maßstäbe im zwischenmenschlichen Zusammenleben an. Zwischen Staaten gibt es aber diese moralische Kategorie nicht. Charles de Gaulle sagte: *„Staaten haben keine Freunde, nur Interessen".* Ob die Sowjetunion gegen den Beistandsvertrag mit der DDR in Wort und Geist verstoßen hat, sollen Juristen beurteilen.

Das erinnert an ein Bonmot, das dem französischen Diplomaten J. S. Perse zugeschrieben wird: *„Diplomatie ist die Kunst, mit hundert Worten zu verschweigen, was man mit einem Wort sagen könnte."* Semjonow beherrschte diese Kunst, man spürt es bei vielen Passagen seiner Memoiren.

Sein Nachfolger im Amt des Botschafters in Bonn (Juli Kwizinskij, bis 1990) gibt im Nachwort zu Semjonows Memoiren dazu mit „hundert Worten" Denkanstöße ohne auf dessen Zeit als „Pensionär" in Köln mit einem Wort einzugehen (obwohl Semjonow sicher ein Büro in seiner Botschaft besaß. Denn wo sollte er sonst seine Unterlagen lagern und wie mit Moskau vertraulich kommunizieren?).

„Offen äußerte er sich über die Arbeit an seinen Memoiren erst, als er bereits im Ruhestand war und sich in Köln niedergelassen hatte [...] Als begeisterter Sammler brauchte er Verbindungen zur Welt der Künstler und Künste. Die Bildersammlung, die er aufbaute, erregte Aufsehen in unserem Kulturleben. Sie erwies sich schließlich auch als die weiseste Anlage seiner ungewöhnlichen Talente, Fähigkeiten, Kenntnisse und seiner

Lebenserfahrung. Von seiner Sammlung konnte er stundenlang sprechen. Aber in seinem Buch schweigt er sich darüber fast aus. Kam er nicht mehr dazu oder wollte er sie nicht erwähnen?" (59)

Seltsam: Warum wollte er sie nicht in seinen Memoiren erwähnen? Ein versteckter Hinweis, dass sie ihm doch nicht so ans Herz gewachsen war, wie von Kwizinskij und in den Medien beschrieben? Hatte die Sammlung also doch nur die zeitweilige, dienstliche Funktion, wie schon vermutet? Darauf deutet auch, dass die Sammlung Semjonow nach Ende seiner Tätigkeit als Botschafter nicht mehr gezeigt wurde, obwohl er ja noch über sechs Jahre in Köln lebte. Googelt man dies, findet man nur Pressemeldungen und antiquarisch die Kataloge der Ausstellungen bis 1985. Keine nach 1985.

Meine Vermutung: Seine Kunstsammlung, die er als Botschafter im Diplomatengepäck mit in die Bundesrepublik gebracht hatte, hätte er auch als Sonderbotschafter weiterhin nutzen können. Allerdings hätten im Tauwetter der Perestrojka Vorbesitzer oder deren Erben sich öffentlichkeitswirksam melden können und nachfragen, wie einige ihrer Kunstwerke in seinen Besitz gekommen waren.

Semjonow berichtete in seinem Buch, dass in den dreißiger Jahren Bilder von Alexander Drewin und vielen anderen zu „Machenschaften des Imperialismus" erklärt worden waren.

Erinnerungen an den Verkauf von „entarteter Kunst" im 3. Reich oder Enteignungen in der DDR zugunsten von Schalcks „Kunst & Antiquitäten GmbH" werden wach (beide Regimes machten Kunst zu Devisen, aber bedienten auch ihre Höflinge mit sichergestellten Werken zu Schnäppchenpreisen).

Das hätte zum Risiko für seine Tätigkeit als geheimer Sonderbotschafter werden können, besaß er doch mehrere Bilder, die viele Jahre verfemt gewesen waren. Er hätte dann zur Erklärung der Provenienz an die Öffentlichkeit treten müssen und wäre angreifbar gewesen.

Kwizinskij beschreibt in seinem Buch **Vor dem Sturm** teilweise sehr detailliert, dass man in der Partei- und Staatsführung selbst 1988 noch keine Gedanken an die Wiedervereinigung hatte. Offenbar war der Kreis derer, die beim *„Abwerfen des Ballastes"* (Schewardnadse zu Krenz) mithelfen sollten, sehr klein. Auch Kwizinskij, der Außerordentliche und Bevollmächtigte sowjetische Botschafter in Deutschland, war offenbar nicht einbezogen, obwohl er sicher sehr aufmerksam den Kollegen Sonderbotschafter bei dessen Besuchen in seiner Botschaft beobachtete.

Auch Valentin Falin äußert sich in seinen Politischen Erinnerungen nicht zum „Pensionär" Semjonow mit Wohnsitz in Köln.

Interessant ist eine Zuschreibung zu Semjonow. Anlässlich einer Beratung in Moskau vom 20. August 1968, am Vorabend des Einmarsches sowjetischer Truppen in der CSSR schreibt Falin:

„Meine Gesprächspartner waren Wladimir Sagladin, jemand aus der Abteilung für Verbindungen mit den sozialistischen Ländern und Wladimir Semjonow vom Außenministerium. Wie ich später hörte, galt er als „Experte für Okkupationspraxis". (60)

Anmerkung: Falin war damals Leiter des Geheimen Rates, einer Verbindungsstelle Außenministerium – KPdSU – KGB.

Die Aufgaben Semjonows als geheimer Sonderbotschafter zwischen 1986 und 1991 mit Wohnsitz in Köln dürfte die Vorbereitung der Abgabe der DDR im Austausch für die Zustimmung zur endgültigen Integration von Kaliningrad (Königsberg) in das sowjetische Hoheitsgebiet mit den Amerikanern (stellvertretend für die Westalliierten) gewesen sein. Auch mussten mit den Amerikanern Details zum Mauerfall, dessen Zeitpunkt, die politischen Folgen für das DDR-Führungspersonal sowie die Abwicklung der DDR abgesprochen werden. Nach dem Mauerfall dürfte er im Hintergrund – im sowjetischen Verhandlungsteam zum 2+4-Vertrag mitgewirkt haben.

Er, der zwischen Köln-Marienburg und Moskau pendelte, hatte als Berater von Schewardnadse Weisungen empfangen und über den Stand seiner Gespräche informiert.

Wichtig war, dass die Sowjetunion keine öffentlich sichtbaren Zugeständnisse an die Amerikaner machte und als Verursacher des Mauerfalls erkennbar würde. Die konkrete Planung des Mauerfalls hatten die Spezialisten des KGB übernommen und die Umsetzung lag in den Händen ihrer DDR-Agenten.

Da Gorbatschows und Schewardnadses Politik von vielen KPdSU-Hardlinern kritisch beobachtet wurde und immer die Gefahr bestand, dass die Armee putschte, war absolute Diskretion angesagt.

Semjonow war Geburtshelfer und Pate der DDR – war er auch ihr Totengräber?

Wer schon einmal Verhandlungen um einen Firmenkauf mitgemacht hat, weiß, dass nicht selten zwei bis drei Jahre Zeit in intensive Verhandlungen investiert werden müssen, bis der Vertrag unterschriftsreif ist.

Wir erinnern uns auch, dass die Verhandlungen zur Beendigung des Afghanistan-Krieges 1982 in Genf begannen und erst im April 1988 endeten.

Das friedliche „Outsourcing" eines Landes mit einer halben Million fremder Militärangehöriger aus einem Machtbereich und die Vorbereitung der Eingliederung in einen anderen dürfte einige Jahre lang verhandelt worden sein.

Dazu musste von sowjetischer Seite, die ja „Ballast abwerfen wollte", ein bewährter Verhandlungsführer mit hoher Reputation, historischem Verständnis und eigenen Erfahrungen bei Geheimverhandlungen in Stellung gebracht werden. Semjonow war dafür der beste Mann Moskaus.

Falin beschreibt in seinem Buch **Politische Erinnerungen** auch seine Verhandlungen zum Berliner Vierseitigen Abkommen in Bonn im Frühjahr/Sommer 1971. Dabei erwähnte er seine Gespräche mit US-Botschafter Rush:

„Rush erhielt seine Instruktionen unmittelbar im Präsidentencode von Kissinger. Den Apparat des State Departments, jedenfalls beteuerte dieses der Botschafter, behielt man in Unkenntnis über die parallelen Gespräche in Bonn." (61)

Kann es sein, dass nach diesem Muster Semjonow, unter Umgehung des Apparates des Außenministeriums, direkt an Schewardnadse berichtete und von dort seine Weisungen empfing? War auch das ein Grund, dass Falin und Kwizinskij nichts von seinem Sonderstatus in ihren Memoiren erwähnten? Beide waren offenbar in die Aktion Mauerfall nicht eingeweiht, denn sie waren als Hardliner bekannt. Falin und Kwizinskij hatten folgerichtig im November 1989 den Einsatz der Westgruppe gefordert, um „Ruhe und Ordnung" an der Grenze wieder herzustellen.

Aber dieser Einsatz erfolgte nicht.

Teil IV
DDR 1985–1989 und die Zeichen der Zeit

1. Reaktionen der SED-Führung

Ein Durchsickern von Informationen über Geheimverhandlungen zur Aufgabe der DDR und der osteuropäischen Länder musste unbedingt vermieden werden – weil einige einflussreiche sowjetische Gegner Gorbatschows, aber auch die Führer der sozialistischen Staaten das als Verrat am Sozialismus gedeutet hätten. Das hätte zu bewaffneten Auseinandersetzungen in Moskau oder Ostberlin und zum Sturz Gorbatschows führen können. Andererseits war den Beteiligten auch die ablehnende Haltung Englands und Frankreichs zu einem vereinigten Deutschland bekannt und man musste Querschläger aus Paris und London befürchten. Eine Achsenbildung mit mittel- und osteuropäischen Staaten wäre in den Bereich des Möglichen gerückt. Eine instabile Atommacht Sowjetunion war das Letzte, was man in dieser Situation gebrauchen konnte.

Deshalb durften nur sehr wenige Personen auf sowjetischer und amerikanischer Seite eingeweiht gewesen sein, zumindest bis zu dem Tag, da die grundlegenden Vorarbeiten beendet waren und sich in der DDR die Ereignisse auf den Straßen und in Ungarn an der Westgrenze nicht mehr zurückdrehen ließen und damit der Startschuss für die öffentlichkeitswirksame Endrunde mit Beteiligung der Bürgerrechtler gegeben war.

Das erinnert an ein Bonmot, das dem amerikanischen Schriftsteller Fletcher Knebel zugeschrieben wird: *„Diplomatie ist die Kunst, einen Hund so lange zu streicheln, bis Maulkorb und Leine fertig sind."*

Für die Jahre 1986–1989 bedeutete das: Während Wladimir Semjonow und seine amerikanischen Verhandlungspartner in Bonn diskret an einer neuen Leine für die Ostdeutschen gebastelt haben dürften, streichelten die sowjetischen Genossen mit Erfolg Erich Honecker und Egon Krenz (im Politbüro der SED von 1983 bis Oktober 1989 für Sicherheitsfragen, Jugend, Sport, Staats- und Rechtsfragen zuständig; danach bis Dezember 1989 Nachfolger von Honecker).

Erich Honecker schrieb 1991 in seiner Schrift **Zu dramatischen Ereignissen** diese Gedanken, die bestätigen, was Schewardnadse schon 1986 vertraulich in kleinem Kreis äußerte und diesem Buch vorangestellt ist:

„1987 erhielten wir Informationen aus Washington, daß die DDR der ‚Preis' für das Haus Europas sein würde. Diese Information war offensichtlich von der Befürchtung getragen, daß die USA aus Europa herausgedrängt werden sollten. Und es war das Jahr 1987, als einige namhafte, oder sich mit diesem ‚Ruhm' schmückende sowjetische Autoren in den westlichen Medien auftraten, die die Überwindung der deutschen ‚Zweistaatlichkeit' als politische Tagesaufgabe ‚verkündeten'. War es da nur ein Zufall, daß Reagan etwa zur gleichen Zeit am Brandenburger Tor forderte, die Mauer fallen zu lassen? Daß die Überwindung der deutschen ‚Zweistaatlichkeit' nach Lage der Dinge nur durch einen Systemwechsel in der DDR zu bewerkstelligen war, war nur logisch. Aber daran zu glauben, kam uns damals nicht in den Sinn. Wir glaubten an die gegenseitigen Bündnisverpflichtungen, die niemandem das Recht gaben, die DDR aufzugeben und wir glaubten an die Festigkeit dieses Bündnisses, an die Ehrlichkeit der Verbündeten, die mit uns nie und nirgendwo über die Möglichkeit der Aufhebung der deutschen ‚Zweistaatlichkeit' sprachen." (62)

Egon Krenz zu diesen Aussagen Erich Honeckers:
„Ich habe solche Informationen nicht erhalten. Mir ist auch nicht klar, welche politischen Interessen die Sowjetunion schon 1987 gehabt haben könnte, die DDR abzustoßen." (63)

Egon Krenz, damals zuständig für Sicherheitsfragen im Politbüro, hätte aber seit 1986 nur aufmerksam schauen sollen, was sich vor seiner Haustür, im Bereich Kommerzielle Koordinierung (KoKo) bei Alexander Schalck im Berliner Internationalen Handelszentrum (IHZ) am Ostberliner Bahnhof Friedrichstraße anbahnte. Sicherlich konnte man diese Entwicklung unterschiedlich deuten, aber ich vermute, dieser Aufgabe hatte sich niemand im Politbüro gestellt.

2. Gorbatschows Reformen lassen in Ostberlin bei Schalcks Kommerzieller Koordinierung die Kasse klingeln

Der Bereich Kommerzielle Koordinierung (KoKo) des Ministeriums für Außenhandel verzeichnete schon Mitte 1985, kurz nach Gorbatschows Amtsantritt, verstärkt Anfragen von westlichen Firmen nach Büros für Repräsentanzen im IHZ. Auch mehrere hochkarätige Dow-Jones-gelistete US-Konzerne waren erstmals unter den Neuzugängen. Sie wollten überwiegend DDR-Mitarbeiter einstellen, (im Arbeitnehmerverleih von Transinter), keine Ausländer, wie Westberliner.

© Adobe Stock Photo 104025602. Das Internationale Handelszentrum mit 25 Stockwerken, errichtet 1976–1978 von der japanischen Kajima Corp. in Ostberlin. https://www.kajima.co.jp/english/prof/overview/history_07.html

Der Ansturm westlicher Firmen nahm nach dem 27. Parteitag der KPdSU im Februar 1986 weiter zu, sodass Büros im IHZ noch knapper wurden und man ein weiteres Gebäude plante, um eigene Abteilungen auszulagern und im IHZ Büroflächen für DM zahlende Mieter freizumachen.

1986 begannen Planung und Bau eines Plattenbau-Hauses hinter dem IHZ in der Georgenstraße/Dorotheenstraße. Das Gebäude wurde dann 1989 fertig, kurz bevor 1990 KoKo abgewickelt wurde, was die Weisheit eines chinesischen Sprichworts bestätigt: Ist das Haus fertig, kommt der Tod.

2. Gebäude des IHZ, errichtet 1986–1989 in Ostberlin als Plattenbau aufgrund der hohen Nachfrage nach Büros durch Westfirmen.
© 2021, Stefan Wolski

So war KoKo ein kleiner Nutznießer von Gorbatschows Perestrojka, während das Politbüro nichts von den Moskauer Reformen wissen wollte und auch diese kleinen Signale in Ostberlin, die das bevorstehende Beben ankündigten, nicht bemerkte.

Aus heutiger Sicht erklärt sich diese Zunahme der Firmenrepräsentanzen mit dem Wissensvorlauf der westlichen Regierungen und Konzerne (wie von Pozsgai vorhergesagt) zum baldigen Ende des Sozialismus und der dann erwarteten wirtschaftlichen Öffnung der Länder. Man brachte sich in Stellung, um für den Systemwechsel gewappnet zu sein. In den Parteiversammlungen bei Transinter wurde die erhöhte Nachfrage nach Büros damals als Ausdruck für die wachsende Anerkennung der DDR interpretiert und man hatte die stille Hoffnung, dass Erich Honecker eines Tages auch in Washington empfangen werden würde. Zu Beginn des Jahres 1986 gab es im IHZ etwa 22 Mitarbeiter im Arbeitnehmerverleih von Transinter, die in den Repräsentanzen tätig waren. Sie wurden im Zeitraum von acht Jahren seit September 1978, als das Haus eröffnet wurde, vermittelt. Im Sommer 1989 waren es dann fast 50. Die Verdopplung innerhalb von nur drei Jahren resultierte aus meiner Sicht allein aus Gorbatschows Politik und den Hoffnungen des Westens, dass sich die Zeit des Sozialismus auch in der DDR dem Ende zuneigt.

Aber offenbar sah man bei KoKo nur das bilaterale Business und konnte sich nicht vorstellen, dass diese zunehmende Präsenz von Konzernen aus dem Westen in Ostberlin und die personelle Aufstockung der Büros die Vorzeichen für einen baldigen Regimewechsel waren.

Diese Sicht blieb den wachsamen Ohren und Augen der Genossen von „Horch und Guck" damals versagt. Sie waren mit dem Fangen von Bürgerrechtlern und Ausreisewilligen zu beschäftigt. In Anlehnung an Einsteins Bonmot „Holzhacken ist deshalb so beliebt, weil man den Erfolg sofort sieht" suchten und fanden sie Feinde der DDR. Anwalt Dr. Vogel kassierte dann in Bonn für deren Freikauf – und die fleißigsten Stasi-Mitarbeiter wurden befördert.

Ein Besuch Honeckers in Bonn war seit Schalcks Besuch bei Strauss 1983 geplant, scheiterte aber am Njet (Nein) von Tschernenko. Erst Gorbatschow, mit dem von ihm eingeleiteten Ende der Breschnew-Doktrin, ließ die DDR entscheiden. Der Besuch in Bonn fand dann im September 1987 statt.

Parallel begannen 1985 Kontakte zum Jüdischen Weltkongress, um die Regelung der offenen Vermögensfragen aus den Enteignungen in der Nazizeit bei nachfolgender Übernahme ins Volkseigentum der DDR zu klären und so eine Hürde für den Besuch in den USA abzubauen.

Man stutzte nicht, als 1988 der geplante offizielle Empfang des SED-Politbüromitglieds Hermann Axen bei Staatssekretär Whitehead in Washington kurzfristig in einen privaten Empfang geändert (herunter-gestuft) wurde. Hauptgegenstand des offiziellen Gesprächs sollte die abschließende Regelung zu jüdischem Vermögen, welches von den Nazis enteignet wurde und dann nach dem Ende des 2. Weltkrieges in Volks-eigentum überführt worden war. Der jüdische Weltkongress wollte die von der DDR für das enteignete jüdische Vermögen nach 1945 vorge-schlagenen Abfindungen aber nicht mehr haben, stand doch nach deren Erkenntnissen die DDR insgesamt zur Disposition. Da waren als Entschä-digung ganz andere Summen zu erwarten. So wartete man, bis die Äpfel reif waren und der Baum am 9. November 1989 geschüttelt wurde.

3. Markus Wolf ging schnell in den Ruhestand

Markus Wolf, Stellvertreter des Ministers für Staatssicherheit und Chef der Hauptverwaltung Aufklärung war einer von Wladimir Semjonows Zöglingen in der Zeit zwischen 1945 und 1953, als Semjonow Politi-scher Berater der Sowjetischen Militäradministration in Deutschland (SMAD) bzw. Hoher Kommissar war. Markus Wolf war damals als sowje-tischer Staatsbürger Redakteur beim Berliner Rundfunk und von Ende 1949–1951, nachdem er die DDR-Staatsbürgerschaft angenommen hatte, Erster Rat an der DDR-Botschaft in Moskau. Vermutlich hatte er sich schon zu dieser Zeit mit Sicherheitsfragen beschäftigt.

Wolf war als Nachrichtendienstler jahrzehntelang geübt das Gras wachsen zu hören. Er dürfte erkannt haben, dass das Projekt „Abwick-lung der DDR", welches am 17. Juni 1953 scheiterte, wieder mit Hilfe Semjonows, aber nun erfolgreich umgesetzt werden sollte. Mehr dazu im Teil III, Kapitel 1.

Der neue Wohnsitz Semjonows 1986 dürfte ihn – egal ob unter der Legende „Pensionär" oder als Sonderbotschafter – sehr beunruhigt haben, und er hatte den für ihn einzig möglichen Schluss gezogen: Den Tag einer möglichen Wiedervereinigung wollte er auf keinen Fall im MfS erleben. Er entschied sich, in den Ruhestand zu gehen, stellte sein Gesuch im März (nach dem Moskauer und vor dem Berliner Parteitag) und beendete im Spätsommer 1986 seinen Dienst.

Egon Krenz schreibt in seinem Buch **Herbst '89**, dass Wolf schon Anfang 1983 (nach seinem 60. Geburtstag) Minister Mielke über seinen Wunsch zur Versetzung in den Ruhestand informierte. Krenz schreibt, dass Wolf 1983 unter dem Eindruck des frühen Todes seines jüngeren Bruders Konrad 1982 stand. (64)

Der Tod des Bruders kann auch ein Grund gewesen sein – genauso wie die beruflichen Fehlschläge. Denn die Pleitenserie in seiner HVA dürfte ihn erheblich mitgenommen haben, büßte er doch viel von seinem Nimbus ein, auch in Moskau.

1979 begannen drei Krisenjahre für Markus Wolf. Werner Stiller, einer seiner Agentenführer und Doppelagent des BND, hatte sich im Januar 1979 über den Ostberliner Grenzbahnhof Friedrichstraße in die Bundesrepublik abgesetzt und mehrere seiner bundesdeutschen Agenten wurden daraufhin verhaftet. Stasi-Minister Mielke tobte, es war der bislang schwerste Verratsfall.

Da unbekannt war, wer noch auffliegen konnte oder umgedreht war, mussten umfangreiche Sicherungsmaßnahmen ergriffen werden, welche die HVA bis Ende 1980 belasteten.

Hinzu kam, dass Stiller beim BND auf vorgelegten Fotos Markus Wolf identifizierte. Es war das erste Mal, dass der Westen Wolf ein Bild zuordnen konnte. Bisher war er der „Mann ohne Gesicht". Wolf konnte nun nicht mehr ins westliche Ausland reisen, um mit Top-Agenten zu sprechen. (DER Spiegel 10/1979)

Und der nächste Skandal ließ nicht auf sich warten. Vermutlich übertraf er in seinen politischen Auswirkungen noch den Fall Stiller, war aber damals in den West-Medien nicht so präsent. Um das Nebeneinander der „privaten" Stasi-Außenhandelsfirmen zu beenden und deren Arbeit unter einer Leitung zu kontrollieren und zu koordinieren, wurden zum 1.1.1981 die privaten Außenhandelsfirmen der HVA (Asimex, Camet, F.C. Gerlach, Interport und weitere) ökonomisch und disziplinarisch dem Bereich Kommerzielle Koordinierung von Schalck unterstellt. Ein Machtverlust für Wolf.

In Vorbereitung dieser organisatorischen Ausgliederung stießen die Verantwortlichen im MfS auf die Firma „Industrievertretungen", die sozusagen eine kleine KoKo war und von deren Existenz nur wenige im MfS wussten. Sie war in einer anderen Hauptverwaltung des MfS angesiedelt und diente dort der Devisenbeschaffung. Auch diese Firma hatte das Geschäftsmodell, welches Schalck entwickelt hatte: Provisionszahlungen von Firmen aus dem Westen bei Lieferungen in die DDR. Misstrauisch wurden die Genossen bei der Vorbereitung der Ausgliederung, da sie herausgefunden hatten, dass es über viele Jahre keine Revision gegeben hatte. Deshalb wurde bei Oberstleutnant Günter Wurm, dem Chef der Firma „Industrievertretungen", im Januar 1981 eine Inventur (wohl eher eine Hausdurchsuchung) durchgeführt. Bei dieser Inventur, so der Spiegel 16/2000, wurden folgende nicht-inventarisierte Wertgegenstände gefunden:

„26 Kilo Gold sowie 160 000 West-Mark deponierte er in der Backröhre eines Kachelofens seiner konspirativen Wohnung mit dem Tarnkürzel „NB" – was ihm schließlich zum Verhängnis wurde. [...] Mehr als 80 Kilo Gold im Wert von 19 Millionen DDR-Mark aber bunkerte er weg, dazu knapp 1,3 Millionen West-Mark, Dollar, Franken und Pfundnoten, ebenso Schmuck und Edelsteine."

Im Dezember 1981 wurde Günter Wurm von einem Militärgericht zu 15 Jahren Haft verurteilt und verstarb dann in Haft. **Link-51**

Obwohl über diesen Vorfall strengstes Stillschweigen angeordnet war, hatte Günter Asbeck offenbar Wind davon bekommen. Dieser leitete seit 1966 die private Außenhandelsfirma Asimex (Asbeck-Import-Export) und hatte, da er Markus Wolfs HVA direkt unterstellt war, gegenüber den Geheimdienst-Bürokraten einen ebenso großen Wissensvorsprung in der privaten Gewinnerwirtschaftung bei Ex- und Importgeschäften wie Oberstleutnant Wurm.

Anfang 1981 ahnte er, durch die Unterstellung unter Schalck und die erfolgte Schließung der Firma „Industrievertretungen", was auf ihn zukommen könnte. Er beschloss sich abzusetzen. Der BND schleuste ihn und seine Ehefrau im Sommer 1981 über Ungarn. Wie der Focus 12/96 berichtete, hatte er über 25 Mio. DM Provisionen unterschlagen und in der Schweiz gebunkert. Damals gab es noch Zinsen von 3–5%, man

konnte davon gut leben, ohne den Kapitalstock zu verwerten. **Link-52**
So wie Stiller plauderte er ausführlich beim BND nicht nur über die HVA,
sondern auch über das luxuriöse Leben von Regierungsmitgliedern und
die tatsächliche wirtschaftliche Lage der DDR.

Wolf wollte dann 1983 seine verbleibenden Jahre als Pensionär nutzen. Aber vielleicht hatte er, der ja sehr enge Kontakte zum KGB unterhielt und fließend Russisch sprach, auch Informationen über die reale
Lage der Sowjetunion und ihrer Satelliten erhalten. Immerhin war nach
dem Tode Breschnews im November 1982 der langjährige KGB-Chef
Andropow dessen Nachfolger geworden. Honecker ließ Wolf aber nicht
gehen und so blieb er auf seinem Posten. Krenz schreibt:

„Als ich Wolf empfange, weiß ich natürlich, dass es seit Jahren über
ihn viel Gerüchte gibt. Er sei aus dem Dienst ausgeschieden, weil er für
Gorbatschow Sympathien hege und die DDR nicht mehr reformierbar sei,
sagen die einen. Andere meinen, er sei 1986 als Stellvertretender Minis-
ter de facto abserviert und aufs Altenteil geschickt worden.“ (Krenz zitiert
aus Hans Modrows Buch **Die Perestroika. Wie ich sie sehe.**)

Dann folgte diese Einschätzung:
„Soweit ich weiß, wurde Wolf zu keinem Zeitpunkt vom Politbüro auf
„Eis gelegt“. Sein Ausscheiden aus dem Dienst des Ministeriums für
Staatssicherheit hatte keine politischen Gründe. Es handelte sich um ein
Zusammentreffen verschiedener persönlicher und familiärer Umstände.“
(65)
Wolf, der Oberspion der DDR, hatte seine Story gut verkauft. Egon
Krenz glaubte sie und publizierte sie noch 10 Jahre nach der Wende.

Teil V – Finale

1. Vernon Walters, Fachmann für Regime-Change, wurde Außerordentlicher und Bevollmächtigter Botschafter der USA in der Bundesrepublik Deutschland

Aufmerksame FAZ-Leser wussten schon zu Jahresbeginn 1989, wer als neuer US-Botschafter für Deutschland berufen worden war und ahnten, was da an Überraschungen auf die Deutschen zukommen sollte. Am 10. Januar 1989 zitierte die FAZ den neu berufenen US-Botschafter:

„Ich werde nicht geschickt, wenn ein Erfolg wahrscheinlich ist. Eine meiner Hauptaufgaben ist es, die Letzte Ölung zu geben, kurz bevor der Patient stirbt."

Im April 1989 wurde Vernon Walters in Bonn als neuer US-Botschafter akkreditiert. Von Mai 1985 bis 19. Januar 1989 war Walters als UN-Botschafter Mitglied des Kabinetts des Präsidenten Reagan gewesen. Er hatte Gorbatschows Machtantritt im März 1985 und nachfolgende Entscheidungen aus Sicht des Präsidentenstabs lückenlos verfolgen können.

Den 1989 neu ins Amt gekommenen Präsidenten Bush sen. kannte er aus gemeinsamer Zeit in der CIA. Walters war 1976 unter dem CIA-Chef Bush sen. Director for Operations und damals schon einige Jahre verantwortlich für die größte verdeckte Aktion gegen die Sowjetunion Mitte der 70er Jahre, die aber von den Sowjets enttarnt wurde und den Amerikanern etwa 800 Millionen Dollar Kosten und kaum Gewinn bescherte.

Die Amerikaner hatten versucht, ein gesunkenes dieselgetriebenes sowjetisches U-Boot mit atomarer Bestückung zu bergen. Ein NZZ-Artikel beschreibt sehr anschaulich, wie das Wahrnehmungsmanagement bei dieser verdeckten Aktion funktionierte. **Link-53** Semjonow war zu jener Zeit sowjetischer Verhandlungsführer bei den Abrüstungsverhandlungen und dürfte darüber informiert gewesen sein. Das spezielle Wahrnehmungsmanagement der Amerikaner wird ihm im Gedächtnis geblieben sein und vermutlich Anregungen für die Steuerung der internationalen Wahrnehmung beim Mauerfall gegeben haben. Für die Kaufleute unter den Lesern eine Erinnerung, die Goldpreisentwicklung betreffend: Am 2.1.1973 kostete eine Unze Feingold 65,10 US$. Die Kosten von 800 Millionen US$ entsprachen damit etwa 12,29 Millionen Unzen Feingold. Am 12.07.2019 waren es 1.415 US$ pro Feinunze Gold, das 21,7 fache. Damit würden die Kosten der Operation heute fast 17,4 Milliarden US$ betragen haben. Wie man sieht, war es und ist es noch heute in der Politik kein Grund, nach einem Desaster den Verantwortlichen höhere Weihen zu versagen.

Walters war bei Amtsantritt bisher der ranghöchste Außerordentliche und Bevollmächtigte Botschafter der USA in der Bundesrepublik. Dieser Umstand und die Tatsache, dass er schon über 12 Jahre im Ruhestand hätte sein können, zeugen von der Bedeutung, welche die USA seiner Entsendung 1989 nach Deutschland beimaßen.

Walters wurde 1917 geboren und trat 1941 in die Armee ein.

Da er als Kind mehrere Jahre in Europa gelebt hatte, sprach er auch Französisch, Deutsch und Portugiesisch. Später sollten Russisch und Chinesisch hinzukommen. So begann er seine Armee-Laufbahn in der Nachrichtenabteilung. Während des 2. Weltkriegs war er daran beteiligt, die Nutzung der Azoren (Teil des neutralen Portugals) als Hafen für die US-Begleittransporte durchzusetzen. Er war auch Verbindungsoffizier für die brasilianischen Einheiten in Europa. In Italien wurde er bei Kampfhandlungen verwundet. Nach dem Krieg war er mehrmals als Militärattaché tätig, dolmetschte für diverse Präsidenten und war später an der Etablierung der NATO/CIA Geheimorganisation Gladio beteiligt.

Beide Botschafter hatten ähnliche Kriegserfahrungen als Alliierte im 2. Weltkrieg und waren später, jeweils auf der anderen Seite stehend, als Verhandlungsführer in wichtige internationale Verhandlungen eingebunden.

Sonderbotschafter Semjonow, ehemaliger stellvertretender Außenminister und Deutschland-Experte der UdSSR seit 1940, war zum Zeitpunkt des Amtsantritts Walters in Bonn 78 Jahre alt.

Wer einem Altersunterschied von Verhandlungspartnern keine Bedeutung beimisst, denke über Folgendes nach: Kimmit, der Nachfolger Walters in Bonn, trat sein Amt im 43. Lebensjahr an. Er war 36 Jahre jünger als Semjonow und ein Vertreter der Nachkriegsgeneration – hätte er ein ebenbürtiger Verhandlungspartner Semjonows werden können? Hätten die Strategen im Weißen Haus nicht befürchten müssen, dass ein junger Fuchs vom alten Fuchs (den man jahrzehntelang beobachtete und über neun Jahre als Verhandlungsleiter bei Abrüstungsgesprächen erlebt hatte) ausgetrickst wird?

Die Schlussfolgerung der Amerikaner: Semjonow musste einem Schwergewicht gegenübersitzen.

Auch Walters war ein Mann, der, wie beschrieben, für die Sicherheit des Imperiums in verschiedensten hochrangigen Funktionen zuständig gewesen und in Verschwiegenheit erprobt war.

Vernon Walters beschrieb in seinem Buch mit dem bezeichnenden Titel **Die Vereinigung war voraussehbar** einige Episoden dieser Zeit. In einem Gespräch, den Botschafterposten in Deutschland betreffend, sagte der gerade gewählte Präsident Bush sen. Ende Dezember 1988 zu ihm: *„Dort wird es ums Ganze gehen. Dick, willst du mir helfen oder wirst du mich im Stich lassen?"* (66)

Ich denke, es ist ein Hinweis, dass der Präsident das Interesse Moskaus kannte, sich aus der DDR zurückzuziehen und deshalb seinen besten Mann nach Deutschland schickte.

Dazu passte auch dieser Satz von Vizepräsident Dan Quayle. Er gratulierte Walters nach der Berufung am 6. Januar 1989 mit den Worten:

„Deutschland ist von grundsätzlicher Bedeutung für unsere Sicherheit." (67)

Natürlich findet man im Buch eines Nachrichtendienstlers keine Aussagen zu Vorgängen, die als „streng geheim" klassifiziert waren. Auch gehört es zu Verhandlungen dieser Art, dass die Frist der Geheimhaltung beiderseitig abgestimmt wird. Jetzt sind über 30 Jahre vergangen und vielleicht publizieren bald Historiker erste Erkenntnisse amerikanischer oder russischer Archive, die mithelfen, die aktuelle Lesart von Mauerfall und Einheit abzulösen. Vernon Walters betonte in seinem Buch mehrmals, dass sowohl seine westdeutschen Gesprächspartner als auch US-Botschaftsangehörige nicht von einer raschen Einheit überzeugt waren. Folgende Äußerungen Walters sprechen dafür, dass auch er – wie Botschafter Rush in den Verhandlungen mit Falin beschrieb – seine Weisungen direkt mit dem Präsidentencode erhielt und nicht einmal Außenminister Baker im Detail eingeweiht war.

Walters schreibt beispielsweise: *„Auch als mich Außenminister Baker einmal fragte, weshalb ich fortgesetzt Spekulationen über die deutsche Einheit anstelle, antwortete ich, seine eigenen Berater würden zwar glauben, sie hätten dafür noch fünf Jahre Zeit. Nach meiner Meinung seien es jedoch höchstens nur noch fünf Monate.“* (68)

Im Buch widmet sich Walters mehrere Seiten seinen, wie er schreibt, schwierigen Beziehungen zu Außenminister Baker. Es kann sein, dass diese aus der Nähe Walters zum Präsidenten resultierten. Es kann aber auch sein, dass beide verschiedene Linien in der Politik zur deutschen Einheit vertraten.

Walters äußerte sich beispielsweise sehr kritisch zu Dan Coats, bis 1989 Repräsentant im Abgeordnetenhaus und später ebenfalls Botschafter in Bonn. Dieser hatte mehrmals über die „eigene Nationalität“ der Ostdeutschen gesprochen, was auch als Befürwortung einer Zweistaatlichkeit interpretiert werden konnte.

Am 4. September 1989 – über zwei Monate vor dem Mauerfall – überschrieb die International Herald Tribune einen Beitrag *„Walters sieht schon bald die deutsche Einheit“*.

2. Semjonow und Walters – die Totengräber der DDR?

Warum hatte der sowjetische Sonderbotschafter Semjonow seinen Wohnsitz in Köln? Weil eine Millionenstadt ihn besser untertauchen ließ als Bonn, wo er fast sieben Jahre als Botschafter lebte und die Mitarbeiter von diversen Botschaften und des Auswärtigen Amtes ihn kannten?

Wäre München nicht besser gewesen, weil es weiter entfernt ist? Nein, er brauchte die Nähe zur US-Botschaft, denn die Botschaft in Bonn war auch zuständig für die Ostblockstaaten, für diplomatische und nachrichtendienstliche Aufgaben. Ein weiterer Grund war natürlich die Nähe zur Regierung in Bonn.

Semjonows Aufgabe dürfte es gewesen sein, die Bedingungen für die finale Anerkennung Königsbergs als immanenter Teil der Sowjetunion durch die West-Alliierten, vertreten durch die Amerikaner, mit dem friedlichen Mauerfall und anschließender Übergabe der DDR und des Ostblocks auszuhandeln.

Der friedliche Mauerfall war dabei die Grundlage für alle weiteren Verhandlungen der Alliierten mit den beiden deutschen Staaten. Rückblickend kann gesagt werden, dass es eine bestens geplante Aktion war. Semjonows Ansprechpartner für das Finale 1989, der amerikanische Botschafter Vernon Walters, war extra von Präsident Bush sen. für diese Aufgabe ausgewählt worden. Eine brasilianische Zeitung nannte Walters einmal „Chefspezialist des Pentagon für Militärputsche".

Semjonow, der von den Kollegen im Außenministerium schon seit den fünfziger Jahren den Spitznamen „Experte für Okkupationspraxis" verliehen bekommen hatte, dürfte mit dem „Chefspezialisten des Pentagon für Militärputsche" die Bedingungen für die Übergabe der DDR ausgehandelt haben. Haben danach beide am Fahrplan für die deutsche Einheit mitgeschrieben?

Beurteilt man aus heutiger Sicht die Ergebnisse, kann man einen Erfolg beider Diplomaten feststellen. Sie haben alle Hürden im Vorfeld ausgeräumt, so dass nur zehn Monate nach dem Mauerfall die beteiligten Staatsoberhäupter an den 2+4-Verhandlungen am 12. September 1990 ihre Unterschriften unter den „Vertrag über die abschließende Regelung in Bezug auf Deutschland" setzen konnten.

Zelikow/Rice, die Verfasser des amerikanischen Standardwerkes zur deutschen Einheit **Sternstunde der Diplomatie – Die deutsche Einheit und das Ende der Spaltung Europas** stützen mit ihrer Einschätzung meine Sicht eines geplanten Mauerfalls:

„Die internationale Geschichte kennt wenige Beispiele für einen derart schnellen Abschluß von Verhandlungen, schon gar nicht, wenn sie von solcher Bedeutung waren." (69)

Nachwort eines Zeitzeugen der Jahre 1945–1990

Als Zeitzeuge im 92. Lebensjahr möchte ich mit meinen Erfahrungen einen Bogen der Zeit von April 1945 bis zum Ende der DDR spannen.

Ich wurde in der Weimarer Republik 1929 in Dresden als Sohn eines Maurers und einer Hausfrau geboren. Meine Kindheit und frühe Jugend erlebte ich im Dritten Reich und sollte dann 1945 noch am „Endsieg" teilnehmen. Bei einem Bombenangriff wurde ich im Februar in Dresden verwundet. Die totale Niederlage meines Heimatlandes 1945 prägte mich.

Ich besuchte die Volksschule und machte 1951 mein Abitur an der Arbeiter- und Bauernfakultät.

1951 war ich einer der ersten DDR-Studenten, die zu einem Studium in die Sowjetunion delegiert wurden. Noch im Dezember des gleichen Jahres begann ich an der Lomonossow-Universität in Moskau Jura zu studieren, um später als Rechtsanwalt zu arbeiten.

Da ich im Studentenwohnheim untergebracht werden sollte und mein Name im deutschen Alphabet mit W ganz hinten steht, waren schon alle Zimmer für ausländische Studenten belegt, als ich bei der Zuweisung eines Zimmers an die Reihe kam. So wurde ich als Notlösung in einem 4-Mann Zimmer untergebracht, wo ehemalige Frontsoldaten lebten, die durch Stalins Weisung, vor jeder Schlacht 100 g Wodka zu bekommen, alkoholabhängig geworden waren. Von dieser Weisung rührt die umgangssprachliche Bezeichnung, die man auch noch heute in Deutschland kennt: Sto Gramm.

Hier lernte ich russisch zu fluchen und die Seelenlage des einfachen Russen zu verstehen.

Ein Jahr später zog ich in ein anderes Zimmer um und lernte dort Anatoli Iwanowitsch Lukjanow kennen. Wenn Sie Wikipedia befragen, dann erfahren Sie mehr über das Leben dieses späteren Beraters Gorbatschows, der dann 1991 gegen seinen Chef putschte. Er war schriftstellerisch hoch begabt und schenkte mir einmal zum Geburtstag ein Gedicht, das er aus diesem Anlass geschrieben hatte.

Ich erlebte Stalin zweimal bei Reden auf dem Roten Platz und war im März 1953 ebenso betroffen wie die meisten Sowjetbürger, als wir vom Tod des „Vaters der Völker" hörten.

In den folgenden Jahren erfuhren wir mehr über die Grausamkeiten in den sowjetischen Lagern. Die Erzählungen von Insidern, die Chruschtschows Geheimrede im Februar 1956 hören durften, ließen mich zweifelnd zurück. Es zeigte sich eine mir bisher unbekannte Seite des real existierenden Sozialismus.

Nur wenige Wochen nach Chruschtschows Rede erhielten wir Themenvorschläge für unsere Diplomarbeit. Ich suchte mir ein Thema aus der Wirtschaft aus. Meine Diplomarbeit über „Die Quellen erhöhter Gefahr im Straßenverkehr" war nicht geeignet für eine Tätigkeit im Partei- und Staatsapparat der DDR.

So landete ich in der Kammer für Außenhandel beim Schiedsgericht für Streitigkeiten im Außenhandel. Später arbeitete ich in einem Außenhandelsbetrieb, danach im Ministerium für Außenhandel und wurde 1972 zum Stellvertreter des Handelsrates der DDR-Botschaft in der UdSSR berufen und war in dieser Funktion bis 1977 in Moskau tätig.

Die DDR und die UdSSR waren seit diesen Jahren beide für den anderen jeweils größter Außenhandelspartner. Sie waren somit auch wirtschaftlich maximal vernetzt und die kleine DDR wurde sehr anfällig für Probleme der Sowjetunion.

In Moskau lernte ich den Unterschied von sozialistischer Theorie und täglichem Leben eindrücklich kennen. Das Aufstiegsversprechen für jedermann konnte nicht mehr realisiert werden. Es gab von allem nicht genug: Lebensmittel, Kleidung, Wohnungen und gut bezahlte Jobs. Was angeboten wurde, war teilweise in erschreckender Qualität. Aber über allem tönte eine allmächtige Propaganda vom Sieg des Sozialismus. Die Lebensstandards in der DDR und der Sowjetunion klafften immer weiter auseinander. Ein ähnliches Bild ergab sich im Vergleich des Lebensstandards der breiten Massen zwischen der DDR und der BRD.

Die UdSSR war ein Koloss, der militärisch hochgerüstet war, alles kontrollierte, aber eine ineffektive zivile Wirtschaft hatte. Sie versuchte schon Anfang der 70er Jahre die Austauschbedingungen im Handel mit den sozialistischen Ländern einseitig zu ihren Gunsten zu definieren, was im Erfolgsfalle diese Länder schwer in ihrer wirtschaftlichen Entwicklung gestört hätte. Durch ihre selbst gewählte Abschottung entfernte sich die UdSSR zunehmend vom Weltmarkt, während sich die DDR (wie auch die Tschechoslowakei und Ungarn) als Frontstaaten des sowjetischen

Imperiums täglich auf diesen Weltmarkt einstellen und reagieren mussten.

Die Spannungen der DDR mit der UdSSR hatten hier ihren Anfang. SED-Generalsekretär Honecker, der 1971 gewählt worden war, hatte andere Vorstellungen vom Aufbau des Sozialismus, der Lebensqualität (Wohnungsbauprogramm) und einer Selbständigkeit der DDR (internationale Anerkennung).

Zurückgekehrt nach Berlin 1977 wurde ich wenig später zum Handelsrat im Ministerium für Außenhandel berufen und übernahm nun eine Funktion, wo ich mit Ministern der DDR aber auch hochrangigen sowjetischen Verantwortlichen in diversen gemeinsamen Arbeitsgruppen mit hoher Autorität auftreten konnte.

1985 wurde mir eine spezielle Aufgabe übertragen – ich hatte die sowjetische Politik unter Gorbatschow im Hinblick auf die beidseitigen Wirtschaftsbeziehungen auszuwerten. Das, was ich analysierte und dem Minister vorlegte, verschwand dann im Politbüro im Archiv. Ich konnte verfolgen, wie auch in der DDR eine zunehmende Paralyse in den Köpfen des Führungspersonals alle Entwicklungen hemmte. Aus heutiger Sicht war diese Paralyse auch ein Ausdruck der Erkenntnis der DDR-Führungselite, dass die „Messen gesungen waren". Nur traute sich das keiner zu sagen – dabei stiegen die Ausreiseanträge von qualifizierten Bürgern ständig.

Die Anzeichen, dass der große Knall bevorsteht (heute würden wir sagen: Great Reset) verdichteten sich dann 1988. Denn in den Handelsbeziehungen mit der Sowjetunion (die für die DDR lebensnotwendig waren) bahnte sich ein Drama an: Die Sowjetunion plante, den beidseitigen Handel mit den sozialistischen Ländern auf konvertierbare Währungen wie Dollar, DM, Franken umzustellen. Bis dato lief der Handel auf Basis des transferablen Rubels, einer Verrechnungswährung und eines internen Preisbildungssystems, welches Preise zeitversetzt zum Weltmarkt festlegte. Diese Änderung hätte schockartig zu großen Verlusten der rohstoffarmen sozialistischen Länder geführt und ihren Zusammenbruch ausgelöst.

Mit der Grenzöffnung am 9.11.1989 überschlugen sich dann die Ereignisse.

Zu diesen Zeitpunkt war ich 60 Jahre alt, hatte das Dritte Reich und sein Ende, die Sowjetische Besatzungszone, 12 Jahre Sowjetunion und die DDR überlebt und war ratlos: Warum reagierten die Sowjets nicht? Was wird jetzt passieren? Eine dunkle Ahnung beschlich mich: Die Sowjetunion war ideologisch und wirtschaftlich pleite und bereitete einen Notverkauf vor.

Neulich las ich in Berlin auf der Schaufensterscheibe eines Ladengeschäfts „Alles muss raus".

So ähnlich muss die sowjetische Führung 1989/90 in Bezug auf die sozialistischen Bündnispartner gehandelt haben.

1992 kehrte ich im Auftrag einer Monitoring-Firma für sechs Monate nach Moskau zurück und beobachtete die Verteilung der EU-Lebensmittelhilfen für die notleidende Bevölkerung. 35 Jahre nach meinem Studium in Moskau sah ich ein zutiefst verstörtes Land, das Volkseigentum wurde unter „Bisnissmeni" privatisiert und viele Menschen erfuhren erstmals seit 1945, was es heißt, Hunger zu erleiden oder ihre Wohnung zu verlieren. Es gab Anfang der 90er Jahre einen Umverteilungskrieg, dem bis etwa 1995 über 25.000 Menschen durch Mord zum Opfer fielen. Viele Menschen wählten den Freitod.

Seither denke ich darüber nach, warum das so kam – oder kommen musste?

In diesem Buch habe ich erste Antworten gefunden, die einiges erklären. Hoffen wir, dass die von der russischen Regierung angekündigte Öffnung der Archive bald (sehr viel) mehr Klarheit bringen wird.

Günter Wirth,
bis 1990 Handelsrat im Ministerium für Außenhandel der DDR
Berlin, im Mai 2021

Bibliografie

Nr.	Quelle	Seite
1	Egon Krenz «Wir und die Russen: Die Beziehungen zwischen Berlin und Moskau im Herbst '89» Edition Ost, Berlin 2019	8
2	Dr. Peter-Michael Diestel «In der DDR war ich glücklich. Trotzdem kämpfe ich für die Einheit» Verlag Das Neue Berlin; 1. Edition 2019	8
3	Walter Momper «Grenzfall» Verlag Bertelsmann 1991, Seite 101	23, 24
4	Eduard Schewardnadse «Die Zukunft gehört der Freiheit» Verlag roro 1991, Seite 234	15, 16
5	Werner Großmann und Wolfgang Schwanitz «Fragen an das MfS» Verlag Das neue Berlin 2010, Seite 237	28
6	Anonymus «Spion im eigenen Land – Mein Leben als DDR-Bürger und KGB-Agent» Edition Berolina 2013, Seiten 16, 67, 89	30
7	Juli Kwizinskij «Vor dem Sturm» Siedler Verlag 1993, Seite 263	30
8	K. W. Fricke und B. Marquardt, «DDR-Staatssicherheit» Universitätsverlag Bochum Dr. N. Brockmeyer, 1995, Seite 94	31
9	Andreas Förster «Auf der Spur der Stasi-Millionen» ARGON-Verlag 1998, Seite 280	31
10	Ferdinand Kroh «Wendemanöver – die geheimen Wege zur Wiedervereinigung» Hanser Verlag 2005, Seite 94	32
11	Hans-Hermann Hertle, «Die Chronik des Mauerfalls» Ch. Links Verlag, 1996, Seite 51	33
12	Ferdinand Kroh, «Wendemanöver – die geheimen Wege zur Wiedervereinigung» Hanser Verlag 2005, Seite 168	34

Nr.	Quelle	Seite
13	Werner Großmann und Wolfgang Schwanitz «Fragen an das MfS» Verlag Das neue Berlin, 2010, Seite 237	36
14	Anonymus «Spion im eigenen Land – Mein Leben als DDR-Bürger und KGB-Agent» Edition Berolina 2013, Seiten 16, 67, 89	40
15	Eduard Schewardnadse «Die Zukunft gehört der Freiheit» Verlag roro 1991, Seite 234	41
16	Ferdinand Kroh «Wendemanöver – die geheimen Wege zur Wiedervereinigung» Hanser Verlag 2005, Seite 167	41
17	Gerd König «Fiasko eines Bruderbundes» Edition Ost, 2011, Seite 311	42
18	Ferdinand Kroh «Wendemanöver – die geheimen Wege zur Wiedervereinigung» Hanser Verlag 2005, Seite 202	43
19	Egon Krenz «Herbst '89» Edition Ost, 2009, Seite 281	51
20	Hans-Hermann Hertle «Die Chronik des Mauerfalls» Ch. Links Verlag, 1996, Seite 193	53
21	Philip Zelikow und Condoleezza Rice «Sternstunden der Diplomatie – Die deutsche Einheit und das Ende der Spaltung Europas» Ullstein Taschenbuchverlag 2001, Seite 149	61
22	Gerd König «Fiasko eines Bruderbundes» Edition Ost, 2011, Seite 347	66
23	Ferdinand Kroh, «Wendemanöver – die geheimen Wege zur Wiedervereinigung» Hanser Verlag 2005, Seite 145	68
24	Hans-Hermann Hertle «Die Chronik des Mauerfalls» Ch. Links Verlag, 1996, Seite 148	69
25	Florian Huber, «Schabowskis Irrtum» Rowohlt Berlin, 2009, Seiten 121, 183	71

Nr.	Quelle	Seite
26	Mitteilung über die Dreimächtekonferenz von Berlin [Konferenz von Potsdam], 2. August 1945, Amtsblatt des Kontrollrats in Deutschland, Ergänzungsblatt Nr. 1, 1946, Seite 13–20	79
27	Amtsblatt des Kontrollrates, a. a. O.	81
28	Hans-Dietrich Genscher «Erinnerungen» Goldmann 1997, Seite 846	81
29	Valentin Falin, «Politische Erinnerungen» Droemer Knaur 1993, Seite 480	103
30	Erich Honecker «Zu dramatischen Ereignissen» W. Runge Verlag Hamburg, 1992, S. 19	105
31	Erich Honecker «Zu dramatischen Ereignissen» S. 16	113
32	Joseph Pozsgai «Der Preis der Wende» Olzog 2006, Seite 10, 11, 13	115, 116
33	Eduard Schewardnadse «Die Zukunft gehört der Freiheit» Verlag roro 1991, Seite 234	118
34	Valentin Falin «Politische Erinnerungen» Droemer Knaur 1993, Seite 480	119
35	Ferdinand Kroh, «Wendemanöver – die geheimen Wege zur Wiedervereinigung» Hanser Verlag 2005, Seite 147	120
36	Wladimir S. Semjonow «Von Stalin bis Gorbatschow. Ein halbes Jahrhundert in diplomatischer Mission 1939-1991» Nicolaische Verlagsbuchhandlung Berlin, 1995, Seite 107/109	124
37	«Von Stalin bis Gorbatschow» a. a. O., Seite 80	125
38	Juli Kwizinskij «Vor dem Sturm» Siedler Verlag 1993, Seite 284	126
39	Wladimir S. Semjonow «Von Stalin bis Gorbatschow. Ein halbes Jahrhundert in diplomatischer Mission 1939-1991» Nicolaische Verlagsbuchhandlung Berlin, 1995, Seite 391	127
40	«Von Stalin bis Gorbatschow» a. a. O., Seite 200	127
41	«Von Stalin bis Gorbatschow» a. a. O., Seite 291	128

Nr.	Quelle	Seite
42	Pawel A. Sudoplatow/Anatolij Sudoplatow «Der Handlanger der Macht, Enthüllungen eines KGB-Generals» Econ, 1994, Seite 424	129
43	Wladimir S. Semjonow «Von Stalin bis Gorbatschow. Ein halbes Jahrhundert in diplomatischer Mission 1939-1991» Nicolaische Verlagsbuchhandlung Berlin, 1995, Seite 299	131
44	«Von Stalin bis Gorbatschow» a. a. O., Seite 393	131
45	Edgar Wolfrum, «Die Mauer – Geschichte einer Teilung» C.H. Beck München 2009, Seite 37	134
46	Juli Kwizinskij, «Vor dem Sturm» Siedler Verlag 1993, Seite 189	135
47	«Vor dem Sturm» a. a. O., Seite 187	135
48	Egon Krenz «Herbst '89» Edition Ost 2009, Seite 89	135
49	Juli Kwizinskij, «Vor dem Sturm» Siedler Verlag 1993, Seite 188	136
50	«Vor dem Sturm» a. a. O., Seite 191	136
51	«Vor dem Sturm» a. a. O., Seite 190	136
52	Wladimir S. Semjonow «Von Stalin bis Gorbatschow. Ein halbes Jahrhundert in diplomatischer Mission 1939-1991» Nicolaische Verlagsbuchhandlung Berlin, 1995, Seite 381	138
53	«Von Stalin bis Gorbatschow» a. a. O., Seite 188	138
54	«Von Stalin bis Gorbatschow» a. a. O., Seite 373	139
55	Rudi Berner «Auf ein Wort: Eine Reise zum Gipfel der Philosophie» Verlag Art for Arts, 2010, Seite 113	142
56	Wladimir S. Semjonow «Von Stalin bis Gorbatschow. Ein halbes Jahrhundert in diplomatischer Mission 1939-1991» Nicolaische Verlagsbuchhandlung Berlin, 1995, Seite 384	145
57	«Von Stalin bis Gorbatschow» a. a. O., Seite 25	145
58	«Von Stalin bis Gorbatschow» a. a. O., Seite 387	147
59	«Von Stalin bis Gorbatschow» a. a. O., Seite 388	148

Nr.	Quelle	Seite
60	Valentin Falin «Politische Erinnerungen» Droemer Knaur 1993, Seite 373	149
61	«Politische Erinnerungen» a. a. O., Seite 167	150
62	Erich Honecker «Zu dramatischen Ereignissen» W. Runge Verlag Hamburg, 1992, S. 7	152
63	Egon Krenz, «Herbst' 89» Edition Ost, 2009, Seite 435	152
64	«Herbst '89» a. a. O., Seite 84	157
65	«Herbst '89» a. a. O., Seite 83	159
66	«Vernon Walters: Die Vereinigung war voraussehbar» Siedler Verlag 1994, Seite 19	162
67	«Die Vereinigung war voraussehbar» a. a. O., Seite 19	162
68	«Die Vereinigung war voraussehbar» a. a. O., Seite 41	163
69	«Sternstunden der Diplomatie – Die deutsche Einheit und das Ende der Spaltung Europas» a. a. O., Seite 27	164

Linkliste

Nummer des Links	Letztes Abrufdatum am 5. Mai 2021 Sie finden die Liste auf www.1989Mauerfall.Berlin	Seite
01	In Russisch Langfassung 1:24 Stunde https://www.youtube.com/watch?v=wL8WP7hcDRI Kurzfassung 54 min deutscher/englischer Untertitel kann abgerufen werden https://www.youtube.com/watch?v=JpYzRoqJo2o	6, 47
02	In Russisch https://www.pnp.ru/politics/stena-rukhnula-no-sled-v-golovakh-ostalsya.html	8
03	https://www.berliner-zeitung.de/politik-gesellschaft/peter-michael-diestel-jeder-helle-kopf-wurde-mit-stasi-vorwuerfen-plattgemacht-li.108168	12
04	Mitschnitt der Pressekonferenz vom 9.11.89 https://youtu.be/SAEhZZ31UQc	21, 22, 47
05	Wörtliche Transkription von Schabowskis Ausführungen auf der Pressekonferenz vom 9.11.89 (Auszug) http://www.chronik-der-mauer.de/system/files/dokument_pdf/1989_11_09_CdM_Dok_Schabowski_PK_Transkription_NEU_0.pdf	22
06	Dr. Ilko-Sascha Kowalczuk zur friedlichen Revolution 1989/90 https://www.wiesentbote.de/2019/05/24/bayreuther-stadtgespraech-am-05-06-2019-revolution-einheit-und-dann/	27
07	INSA-Meinungstrends (YouGov-Panel) vom 18. bis zum 21. Januar 2013 mit 1.997 Befragten http://lernen-aus-der-geschichte.de/Teilnehmen-und-Vernetzen/Tipp/11086	27

Nummer des Links	Letztes Abrufdatum am 5. Mai 2021 Sie finden die Liste auf www.1989Mauerfall.Berlin	Seite
08	KGB-Offizier Putin in Dresden (1986–1990) https://www.spiegel.de/politik/ausland/wladimir-putin-stasi-ausweis-von-ex-kgb-offizier-in-dresden-gefunden-a-1243109.html	28
09	Der KGB in der DDR http://www.bpb.de/geschichte/deutsche-geschichte/stasi/218423/kgb-verzahnung	30
10	Die Stasi und ihre Kooperation mit den Geheimdiensten der Bruderländer https://www.bstu.de/informationen-zur-stasi/quellensammlungen/das-mfs-und-die-zusammenarbeit-mit-anderen-kommunistischen-geheimdiensten/	30
11	Hans Modrow – ehemaliger MP der DDR – im Interview https://www.youtube.com/watch?v=AqoxwG5riQo Video nicht mehr verfügbar	33
12	Gorbatschow und Schewardnadse 1987 bei Honecker https://www.spiegel.de/spiegel/vorab/gorbatschow-und-schewardnadse-wollten-frueheren-mauerfall-a-1000505.html	34
13	Untersuchungsausschuss des Bundestages 1994, Zweiter Teil, Kommerzielle Koordinierung (zu Seite 110 scrollen) http://dipbt.bundestag.de/dip21/btd/12/076/1207600.pdf	36, 37
14	Dokumentation Comrades & Cash von Mönch und Lahl, 2018 https://www.amazon.com/Comrades-Cash-Jonas-Nay/dp/B07PQBYG81	37
15	Walter Momper im Interview https://de.rbth.com/politik/2014/11/09/mauerfall_1989_walter_momper_im_interview_31785 Link nicht mehr aktiv	38, 50

Nummer des Links	Letztes Abrufdatum am 5. Mai 2021 Sie finden die Liste auf www.1989Mauerfall.Berlin	Seite
16	Welchen Sold in Mark/DM erhielt ein sowjetischer Offizier in der DDR? http://www.maz-online.de/Lokales/Teltow-Flaeming/Minderheit-in-der-eigenen-Stadt	39
17	2. Mai 1989 – Beginn des Abbaus der Sicherungs-anlagen an der ungarischen Westgrenze https://www.spiegel.de/einestages/kalenderblatt-2-5-1989-a-948277.html	42
18	Egon Krenz im Interview https://www.zeitzeugen-portal.de/zeitraeume/epochen/1989-2001/mauerfall-der-9-november/VujRixEso5U	49, 50
19	Interview Hans Modrow: Gorbatschow hat die DDR preisgegeben Link nicht mehr aktiv	54
20	Die TIMES zum Stichwortgeber Riccardo Ehrman http://content.time.com/time/world/article/0,8599,1892408,00.html	56
21	Riccardo Ehrman im Interview https://www.deutschlandfunkkultur.de/die-pressekonferenz-die-die-grenze-oeffnete-nach-meiner.1001.de.html?dram:article_id=335673	56
22	Schabowskis Sprechzettel https://www.tagesspiegel.de/berlin/guenter-schabowskis-notizblatt-aufgetaucht-ein-zettel-der-die-welt-veraenderte/11644626.html	56, 60
23	Horst Teltschik im Interview mit dem Cicero https://www.cicero.de/innenpolitik/wiedervereinigung-helmut-kohl-horst-teltschik-mauerfall-waehrungsunion-berlin	61

Nummer des Links	Letztes Abrufdatum am 5. Mai 2021 Sie finden die Liste auf www.1989Mauerfall.Berlin	Seite
24	Aussetzen des Schießbefehls im April 1989 (Langfassung) https://www.stasi-mediathek.de/medien/befehl-an-die-grenztruppen-ueber-das-aussetzen-des-schusswaffengebrauchs/blatt/27/	63
25	Aussetzen des Schießbefehls im April 1989 (Kurzfassung) https://www.stasi-mediathek.de/fileadmin/pdf/dok138.pdf	63
26	US-Starreporter Tom Brokaw erinnert sich https://www.spiegel.de/einestages/20-jahre-mauerfall-a-949965.html	69
27	Chronik des Mauerfalls https://www.chronik-der-mauer.de/chronik/#anchornid171738	27, 70
28	Mauerfall und russische Sicht 25 Jahre später (Igor Maxymtschew) https://de.euronews.com/2014/11/03/russland-der-kreml-und-der-mauerfall	72
29	Niemand kann uns überführen https://www.spiegel.de/spiegel/print/d-13488322.html	75, 76, 82, 87, 97
30	In Englisch Jalta-Dokumente https://digitalarchive.wilsoncenter.org/document/116176	79
31	Das Geheimnis von Rudolf Hess https://www.youtube.com/watch?v=BQGHvu_ZeFw	79
32	Jalta und die Teilung Europas https://www.zeit.de/1982/03/jalta-das-maerchen-vom-ausverkauf/komplettansicht	80
33	23. August 1989 – 2 Millionen gedenken der Opfer des Hitler-Stalin-Pakts https://www.youtube.com/watch?v=OSQgn9kuGm4	85

Nummer des Links	Letztes Abrufdatum am 5. Mai 2021 Sie finden die Liste auf www.1989Mauerfall.Berlin	Seite
34	Die Unabhängigkeit des Baltikums http://www.bpb.de/politik/hintergrund-aktuell/69116/baltikum-der-weg-zurueck-in-die-unabhaengigkeit-03-05-2010	89
35	Königsberg/Kaliningrad http://www.spiegel.de/politik/deutschland/wiedervereinigung-moskau-bot-verhandlungen-ueber-ostpreussen-an-a-695928.html	90
36	Auswirkung der KSZE-Beschlüsse auf die DDR https://www.faz.net/aktuell/politik/politische-buecher/ksze-unterzeichnung-niederlage-fuer-den-ostblock-16274703.html	102, 114
37	Eine Washingtoner KGB-Quelle berichtet https://www.bstu.de/assets/bstu/content_migration/DE/Wissen/MfS-Dokumente/Downloads/KGB-Projekt/84_03_31_neue_Momente.pdf	107
38	Projekt SVEZDA startete 1982 in Cecilienhof https://www.km.ru/science-tech/2016/05/30/istoriya-khkh-veka/777597-tainy-kholodnoi-voiny-proekt-zvezda-raskryl-ego-uc	113
39	https://www.n-tv.de/politik/Egon-Krenz-erklaert-die-Welt-article20305642.html	120
40	https://www.welt.de/politik/article1799869/Stalins-Angriffsplaene-fuer-den-Westen.html	125
41	https://www.deutschlandfunk.de/vor-50-jahren-tod-einesmassenmoerders.724.de.html?dram:article_id=97757	131
42	Pariser Gipfelkonferenz 1960 und die überraschende Abreise der sowjetischen Delegation https://www.spiegel.de/spiegel/print/d-43065782.html Leider ist diese Seite nicht mehr verfügbar	133

Nummer des Links	Letztes Abrufdatum am 5. Mai 2021 Sie finden die Liste auf www.1989Mauerfall.Berlin	Seite
43	http://www.chronik-der-mauer.de/material/180617/niederschrift-eines-gespraeches-des-genossen-n-schruschtschow-mit-dem-genossen-walter-ulbricht-1-august-1961	135
44	Russische Avantgarde – Sammlung Kostakis https://www.kunstforum.de/artikel/licht-und-farbe-in-der-russischen-avantgarde/	138
45	Kunstmäzen Semjonow https://www.zvab.com/buch-suchen/titel/russische-kunst-sammlung/autor/weiss/	139
46	Boom sowjetischer/russischer Kunstausstellungen, Analyse https://www.hsozkult.de/publicationreview/id/rezbuecher-25504 Diese Seite ist nicht mehr verfügbar	140
47	Gehaltsdifferenzierung bei der Deutschen Post https://www.zeit.de/wirtschaft/2018-07/dax-konzerne-gehalt-einkommensgerechtigkeit	141
48	Gekürzte Biografie Semjonows (für deutsche Leser) https://de.wikipedia.org/wiki/Wladimir_Semjonowitsch_Semjonow	144
49	Biografie Semjonows (für englischsprachige Leser) mit dem Hinweis: 1986-1991 – Foreign Ministry Ambassador at Large, Counsellor to the Foreign Minister https://en.wikipedia.org/wiki/Vladimir_Semyonov_(diplomat)	144
50	Gekürzte Biografie Semjonows (für deutsche Leser) ohne Hinweis auf die Tätigkeit in den Jahren 1986-1991: Sonderbotschafter und Berater des Außenministers https://www.hdg.de/lemo/biografie/wladimir-semjonow.html	144

Nummer des Links	Letztes Abrufdatum am 5. Mai 2021 Sie finden die Liste auf www.1989Mauerfall.Berlin	Seite
51	Stasi-Offizier Wurm bunkert Gold und Geld https://www.spiegel.de/spiegel/print/d-16214953.html	158
52	KoKo-Asbecks Erbe https://www.focus.de/politik/deutschland/geheimdienste-streit-ums-erbe-eines-ueberlaeufers_aid_156966.html	159
53	Wie die CIA im Kalten Krieg heimlich ein U-Boot der Sowjets barg https://www.nzz.ch/international/operation-azoriandie-heimliche-bergung-der-k-129-ld.1460394	161
54	https://multipolar-magazin.de/artikel/mauerfall-nach-moskaus-drehbuch	181

Interview mit dem Blog Multipolar vom 9. November 2020 zum Buch „1989 Mauerfall Berlin – Zufall oder Planung?", erschienen im Jahr 2019 Link-54

Ich danke Multipolar für die Genehmigung, das Interview hier veröffentlichen zu dürfen. Michael Wolski

Mauerfall nach Moskaus Drehbuch?

Der Buchautor Michael Wolski vertritt eine unorthodoxe These: Der Mauerfall war kein Zufall, sondern eine verdeckte Operation der Sowjetunion. Die anschließende deutsche Vereinigung sei von UdSSR und USA bereits jahrelang im Vorfeld vorbereitet und ausgehandelt worden. Im Interview mit Multipolar erläutert der 68-jährige Russlandkenner, dass Michail Gorbatschow die DDR schon seit Jahren loswerden wollte, für die Grenzöffnung aber die DDR-Führung überrumpeln und vor vollendete Tatsachen stellen musste. Ostdeutsche KGB-Mitarbeiter hätten die Maueröffnung vor Ort organisiert.
Hatte einer von ihnen am Abend des 9. November 1989 die legendäre Pressekonferenz geleitet?

Multipolar: Herr Wolski, Sie haben im vergangenen Jahr zum 30. Jahrestag der Maueröffnung das Buch **1989 Mauerfall Berlin – Zufall oder Planung?** *veröffentlicht, das sich von allen anderen Beiträgen zum Thema stark unterscheidet. Sie interpretieren den Mauerfall am 9. November 1989 in Berlin nicht als chaotisch-zufälliges Ereignis, wie es in der vorherrschenden Geschichtsschreibung heißt, sondern als vorbereiteten Coup. Wie kommen Sie darauf?*

Wolski: Das erste Mal bin ich bereits in der Vor-Wendezeit ins Nachdenken gekommen. Ich arbeitete seit 1986 im Internationalen Handelszentrum (IHZ) der DDR in Ost-Berlin in einem West-Firmenbüro – bin also aktiver Zeitzeuge des Endes der DDR und später in Moskau auch des Endes der Sowjetunion gewesen. Das erste, was mir damals – also schon Ende 1986 – auffiel war, dass die Parteipropaganda im IHZ und bei Parteiveranstaltungen sagte: „Weil die DDR so anerkannt ist, sind nun erstmals vier US-Konzerne gekommen, die hier in der DDR Repräsentanzbüros eröffnen wollen." Alle diese Konzerne – wie Dow Chemical oder Honeywell – waren in der Bundesrepublik bereits mit riesigen Filialen mit tausenden Mitarbeitern vertreten gewesen. Ich habe mich dann gefragt, warum die jetzt in die DDR wollen. Hatten diese Konzerne doch auffällig früh Wind von den wahren Zielen Gorbatschows bekommen?

Es gab noch weitere Erlebnisse, wo ich merkte, dass hier was nicht sauber ist. Eine Erklärung dafür habe ich erst später gefunden. Aber richtig umgehauen hat mich dann ein Ereignis kurz nach dem Mauerfall. Im Dezember 1989 hatte mir mein Schweizer Chef den Sonderauftrag gegeben, die Gründung einer Vertriebsgesellschaft in der DDR vorzubereiten. Um den 10. Januar 1990 herum bekam ich dann aber einen Anruf von ihm: „Gründung einstellen. Wir integrieren alles in unsere bundesdeutsche Tochter. Es wird keine DDR mehr geben." Wie konnte er das wissen? Die politischen Diskussionen darüber begannen erst im März 1990. Es gab also offenbar bei einigen Leuten einen Wissensvorlauf zu den wahren Zielen der Perestrojka.

Sie schreiben in Ihrem Buch auch, dass nach der Wende immer wieder auch damalige politische Verantwortliche Aussagen in diese Richtung gemacht haben – etwa der sowjetische Außenminister Eduard Schewardnadse oder auch Michail Gorbatschow.

Ja, ich habe in den vergangenen 30 Jahren sehr viele Bücher und Artikel von damaligen Akteuren durchforstet. Darin findet man interessante Aussagen, manchmal sind das nur einzelne Sätze. Zum Beispiel hat es 2004 eine Konferenz „Geheimdienste für den Frieden" gegeben. Da hat der CIA-Station-Chief von Bonn des Jahres 1989 gesagt: Die CIA-Chefs haben sich seit Mitte der 8oer Jahre regelmäßig in neutralen Ländern mit den KGB-Chefs getroffen. Mehr hat er dazu nicht gesagt. Aber das reicht, um zu verstehen, dass entsprechende Absprachen möglich waren. Der ungarische Politologe Joseph Pozsgai hat schon 1985 geschrieben, dass die Russen sich in naher Zukunft aus den Jalta-Beschlüssen zurückziehen und den Sozialismus aufgeben. Das soll mit den Amerikanern abgesprochen gewesen sein. Pozsgai schreibt, Gorbatschow habe den USA ein Angebot gemacht: Rückzug der UdSSR aus Osteuropa und Abschied vom Kommunismus gegen Straffreiheit für die kommunistische Macht-elite sowie das Recht zur Aneignung des Staatsvermögens durch Priva-tisierung. Dieses amerikanische Vorwissen ist offenbar auch der Grund, weshalb einige US-Konzerne, die Interesse an der DDR hatten und schon 1985 in Ostberlin auf der Matte standen und ein Büro eröffnen wollten. Sie wollten vorbereitet sein, wenn die Vereinigung kommt.

Nun haben Sie in ihrem Buch aus all dem gesichteten Material, aus Gesprächen mit russischen Zeitzeugen und eigenen Erfahrungen eine Reihe konkreter Thesen zum Ende der DDR aufgestellt und belegt. Bitte fassen Sie Ihre Position für die Leser zusammen.

Ich bin zu dem Schluss gekommen, dass der Mauerfall kein Zufall war. Es gibt ja zwei Erzählstränge im Westen: Der amerikanische sagt, dass das Chaos der letzten Tage der DDR dafür verantwortlich war. Die Macht sei von der Straße ausgegangen. Diese habe die Regierung gezwungen, die Grenze zu öffnen. Der Erzählstrang der ostdeutschen Bürgerrechtler und der Bundesrepublik lautet, dass die Bürgerrechtsbewegung 1989 so einen Druck aufgebaut hat und dass durch die Ausreisen über Ungarn und die Tschechoslowakei die DDR sich sozusagen ergeben musste und die Grenzorgane die Grenzen geöffnet haben.

Ich gehe hingegen davon aus, dass die Spitze der Sowjetunion, also der Besatzungsmacht mit 340.000 Soldaten in der DDR, diesen Prozess geplant hat. Die sowjetischen Soldaten sind nicht ausgerückt, um die Grenzen wieder zu schließen. Schewardnadse schrieb 1991 in seinem Buch (Titel: „Die Zukunft gehört der Freiheit"), die sowjetische Füh-rungsspitze habe sich schon 1986 über die deutsche Einheit Gedanken gemacht. Zwei deutsche Staaten seien einer zu viel. Aus diesem Denken heraus wurde die Grenzöffnung 1989 herbeigeführt.

Die notwendigen Informationen werden ja auch von Einrichtungen wie dem Institut für Zeitgeschichte oder der Bundeszentrale für politische Bildung dokumentiert. Aber sie verknüpfen das nicht oder interpretieren die Informationen anders. Nach dem Tod von Chris Gueffroy im Februar 1989 an der Berliner Mauer wurde den DDR-Grenztruppen der Schuss-waffeneinsatz an der Westgrenze untersagt. Die Änderung der Schuss-waffengebrauchsbestimmung wurde mündlich weitergegeben. Den

Befehl dazu kann man im Internet finden. Die Soldaten gingen nur noch mit ungeladenen Waffen auf Patrouille. Das war aber kein DDR-Befehl sondern musste letztlich vom Warschauer Pakt verantwortet werden. Oberbefehlshaber war Gorbatschow.

Am 3. November hat Egon Krenz bei Rückkehr von seinem Moskau-Besuch von Gorbatschow die Anweisung mitgebracht, die Schusswaffengebrauchsbestimmung für die Volkspolizei bei Unruhen auszusetzen. Das heißt, die DDR-Polizisten durften nicht auf Demonstranten schießen – was sie im Oktober unter Erich Honecker vielleicht noch gemacht hätten. Diese beiden Befehle aus Moskau waren Voraussetzungen für die folgende friedliche Grenzöffnung.

Der Mauerfall selbst am 9. November war aus meiner Sicht eine verdeckte Aktion. Günter Schabowski hatte bei der abendlichen Pressekonferenz etwas erzählt, was gar nicht in dieser Reiseverordnungen für DDR-Bürger verankert war. Diese sollte erst ab dem 10. November gelten. Er hat stattdessen gesagt: „Das gilt unverzüglich, sofort." Ich dokumentiere das auch im Buch und auf der Website zum Buch (**keyword: 1989Mauerfall.berlin**) kann man all die dazugehörigen Links finden. Viele Leute meinten später, Schabowski sei bei der Meldung überfordert oder nervös gewesen. Aber er war kein Amateur oder Anfänger. Er war jahrelang Chefredakteur der SED-Zeitung Neues Deutschland und Mitglied des Politbüros.

Wichtig ist auch: Als Schabowski die Pressekonferenz begann, wurde gleichzeitig von einigen Genossen eine Verlängerung der Sitzung des Zentralkomitees (ZK) vorgeschlagen. Diese Sitzung sollte eigentlich um 18 Uhr enden, lief dann aber bis kurz nach 20.30 Uhr. Dort war die komplette Führungsebene der DDR also rund 250 hochrangige Partei- und Staatsfunktionäre versammelt und für diese Zeit sozusagen abgeschirmt. Es gab damals keine Handys. Man wusste nicht, was Schabowski zeitgleich in der Pressekonferenz erzählt hatte. Man hat über die schwere wirtschaftliche Situation in der DDR diskutiert und danach sind alle nach Hause gefahren. Sie waren praktisch wie auf einer Isolierstation festgehalten, während hinter den Kulissen die entscheidenden Dinge abgelaufen sind. Die Staatsführung begriff erst gegen 23 Uhr was los war. Wer sagt, dass diese Zeitgleichheit nur Zufall war?

Bevor wir in die Details gehen: Warum wollte Gorbatschow, dass die DDR die Grenzen öffnet und warum konnte er das nicht einfach anordnen?

Zum Verständnis muss man erst mal ein paar Schritte zurückgehen. Den ersten Versuch, die DDR abzuschaffen, hatte schon Josef Stalin 1952 unternommen. Er startete damals eine Initiative für ein neutrales Deutschland, dafür hätte er die DDR abgegeben. Es war ja 1945 und in den Nachkriegsmonaten nicht die sowjetische Intention ein sozialistisches Deutschland aufzubauen. Das hat sich erst durch den Kalten Krieg entwickelt.

1953 kam es hier in Berlin am 17. Juni zu Unruhen, die vordergründig ein Arbeiteraufstand waren. Aber hinter den Kulissen war es ein Kampf zwischen KGB und Roter Armee nach Stalins Tod, eine Art Erbfolgekrieg. KGB-Chef Berija wollte die DDR für zehn Milliarden Dollar abgeben – also sozusagen die Reparationsleistungen der DDR gegen Cash tauschen. Es sollte ein neutrales vereinigtes Deutschland entstehen. Die sowjetische Armee wollte das hingegen nicht, weil die Uranerzgewinnung für die Atombombe zum damaligen Zeitpunkt nur in der DDR sofort und in ausreichendem Maß möglich war. Das Uran brauchten sie für den atomaren Rüstungswettlauf mit den USA. Ohne DDR wäre das für die Sowjetunion nicht mehr möglich gewesen. Die sowjetischen Urangruben waren erst ab etwa 1956 in ausreichender Quantität einsatzbereit. Berija wurde Ende Juni 1953 verhaftet und erschossen. Die DDR blieb Vasall der Sowjetunion.

1958 hat es die Berlin-Initiative Chruschtschows gegeben, wo er die Westmächte zu einem neutralen Deutschland zwingen wollte. Er sagte sinngemäß: „Wenn ihr das nicht macht, dann geben wir als Siegermacht der DDR die Lufthoheit und dann kann sie entscheiden, wer nach West-Berlin fliegt." Da gab es dann ziemliche Auseinandersetzungen mit Eisenhower. Und Chruschtschow hatte dem bundesdeutschen Botschafter später gesagt, das hätte vielleicht Krieg gegeben und deswegen blieb als einzige Alternative nur der Bau der Mauer. Die Entscheidung dazu ist schon im Mai 1960 nach dem gescheiterten Gipfel in Paris gefallen und nicht erst im August 1961 – da waren die Messen schon gesungen.

Der stellvertretende sowjetische Außenminister Wladimir Semjonow (1953 Hoher Kommissar der Sowjetunion und zuständig für die Niederschlagung der Unruhen am 17. Juni 1953) hatte den Auftrag bekommen, die Führung und die Kontrolle über den Mauerbau zu übernehmen. Und dieser Semjonow spielte dann beim Mauerfall Ende der 1980er Jahre wieder eine entscheidende Rolle.

Die Sowjetunion hat spätestens 1968 mit den Ereignissen in der Tschechoslowakei gemerkt, dass es im ganzen Imperium knirscht. Dann hat sich 1980 die UdSSR mit dem Afghanistankrieg übernommen und das hat mit dazu beigetragen, dass die Konflikte in Polen sichtbar wurden. Die Amerikaner schätzten 1983 ein, dass die Sowjetunion ihr Imperium in Europa bald verlieren würde, weil sie es nach 1945 nicht geschafft hatte, dass diese Länder ohne Moskauer Hilfe effektiv wirtschaften. Das war ja nicht machbar, da Moskau alles bestimmte. Dazu gibt es im Stasi-Archiv eine Mitteilung einer KGB-Quelle in Washington, die auch Honecker erhielt.

Offenbar schätzte man in Moskau das genauso ein und das muss, nachdem Breschnew, Andropow und Tschernenko kurz nacheinander gestorben waren, dazu geführt haben, dass die Entscheider im März 1985 den damals 54-jährigen Gorbatschow an die Spitze von Partei und Staat stellten. Sein Ziel war es offensichtlich, nicht nur den Sozialismus abzuschaffen sondern auch die Herrschaft über die osteuropäischen Länder zu beenden, welche in den alliierten Beschlüssen von 1945 in Jalta und Potsdam der Sowjetunion als Einflussbereich zugesprochen worden waren.

Das heißt für die Sowjetunion, sich aus ganz Osteuropa und aus der DDR zurückzuziehen, um alle Ressourcen fürs eigene Land freizubekommen. Hatte die SED-Spitze nicht etwas dagegen?

Natürlich. Die politische Führung der DDR konnte eigentlich nur im Schutz der Mauer existieren. Im Mai 1987 waren Gorbatschow und Schewardnadse in Berlin. Damals sagte Gorbatschow zu Honecker, dass man für ein „gemeinsames Haus Europa" die Mauer nicht mehr brauche. Honecker ist da wohl über den Tisch gesprungen. Er hat das scharf abgelehnt. Wenn ich dann sehe, dass US-Präsident Ronald Reagan 14 Tage später in West-Berlin vor der Mauer steht und in einer Rede sagt: „Mr. Gorbatchev tear down this wall!", dann habe ich die starke Vermutung, dass das eine mit Gorbatschow koordinierte Aktion war.

Kommen wir konkret zum 9. November 1989. Es gab zwei Akteure, die den Mauerfall praktisch hätten verhindern können. Die DDR-Führung und die sowjetischen Streitkräfte in der DDR – die sogenannte Westgruppe. Wenn Gorbatschow den Mauerfall geplant hat, hätte er diese beiden Akteure neutralisieren müssen. Beide Gruppierungen haben am 9. November auch tatsächlich nicht reagiert. Warum?

Die Armee handelt nur wenn sie einen Einsatzbefehl hat. Der Oberbefehlshaber General Boris Snetkow war ein Gegner des späteren Abzugs der Truppen aus Deutschland. Der wäre sicher auch dafür gewesen, die Truppen am 9. November einzusetzen, aber er hatte keinen Einsatzbefehl. Den hätte ihm in der DDR nur der sowjetische Botschafter persönlich weitergeben können. Der Botschafter Kotschemassow hatte an dem Abend aber ein Schlafmittel genommen und tief und fest geträumt. Deswegen musste sein Gesandter vor die Kameras treten und sagte sinngemäß: „Es ist alles in Ordnung, ich werde weder den Botschafter noch Gorbatschow wegen dieser Sache wecken. Macht mal hier nicht so ein tam tam, morgen früh sehen wir weiter."

Die Planung dieser Aktion durfte auch für die Armeeführung in Moskau nicht ruchbar werden. Die sowjetische Armee war gerade im Februar 1989 aus Afghanistan ohne Sieg abgezogen. Hätte man denen noch gesagt: „Wir ziehen uns jetzt auch noch aus Osteuropa zurück!" dann hätte Putschgefahr bestanden. Deswegen musste es unter der Hand laufen. Aus meiner Sicht hat auch nur eine Hand voll Leute in Moskau von den Planungen gewusst. Neben Gorbatschow noch Außenminister Schewardnadse und KGB-Chef Krjutschkow und das Team, welches ich das Drehbuch-Team nenne.

Bleibt noch die DDR-Führung als möglicher Verhinderer des Mauerfalls. Können Sie etwas detaillierter erläutern, wie Politbüro, Ministerrat, Armee- und Stasi-Führung am 9. November ruhiggestellt wurden?

Honecker war ja schon am 17. Oktober 1989 durch Krenz als Generalsekretär der SED ersetzt worden. Und um über die aktuelle Lage zu beraten und die Partei auf den Kurs zu bringen, musste eine Tagung des Zentralkomitees (ZK) in Berlin einberufen werden. Diese war für den 8. bis 10. November angesetzt. Sie bot sozusagen das Zeitfenster für den Mauerfall. Im ZK saßen alle hochrangigen Partei- und Staatsfunktionäre der DDR. Das waren die führenden und der Partei ergebensten Genossen. Da waren keine ideologischen Abweichler dabei. Als Sekretär für Informationswesen war Günter Schabowski nur wenige Tage vorher in das Politbüro gewählt worden. Und Schabowski hat dann festgelegt, dass am 8. und 9. November am Abend eine Pressekonferenz stattfindet um über die Ergebnisse der ZK-Tagung zu informieren. Es ist schon merkwürdig, dass man keine Pressekonferenz (PK) am Ende der ZK-Tagung am 10. November einberufen hatte. Da hätte man über die ausführliche Diskussion der Genossen und über Beschlüsse sprechen können und auch Egon Krenz, der neugewählte SED-Generalsekretär hätte persönlich teilnehmen können.

Schabowski konnte diesen berühmten „Fehler" („sofort, unverzüglich") nur am 9. November machen. Am 8. November hatten die Sowjets noch ihren 2. Feiertag zur Oktoberrevolution. Er hätte aber niemandem erklären können, warum er ausgerechnet am 9. November eine PK einberuft. Hatte er die PK am 8. November einberufen, sozusagen als Übung? Und um alle in Ruhe zu wiegen, denn es wurde nichts Sensationelles verkündet. Business as usual?

Am 10. wäre das nicht mehr möglich gewesen. Dann hätte er sagen müssen, dass die Reisewilligen zu den Meldestellen gehen müssen. Nur am Abend des 9. November war es ihm möglich, die Menschen direkt zur Grenze zu schicken. Das konnte er nur, weil die ZK-Sitzung erst später zu Ende ging und die dort versammelten Entscheidungsträger damit isoliert waren und nicht reagieren konnten.

Interessant (und von den Zeithistorikern bisher nicht erwähnt) ist auch die Tatsache, dass ein Politbüro-Mitglied eine Reiseregelung vorstellt, die noch nicht vom Ministerrat beschlossen war und wo es auch noch keine Durchführungsbestimmungen gab. Das wäre eigentlich die Aufgabe des Pressesprechers der Regierung gewesen. Der Pressesprecher des Außenministeriums und der ADN-Chef haben dann, obwohl sie den genauen Wortlaut der Reiseregelung kannten entschieden, dass sie Schabowskis Version („sofort, unverzüglich") veröffentlichen. Auch hier drängt sich manchem Beobachter die Frage auf, ob sie zum Drehbuch-Team gehörten.

Mit dem „sofort, unverzüglich" baute Schabowski einen unglaublichen Druck auf die Grenzübergangsstellen auf. Die Menschen strömten zu den Übergangsstellen und die Grenzer wussten von nichts. Der Stab der Lagestelle – verzweifelt von den Kommandanten der Grenzübergangsstellen angerufen – schwieg.

Schließlich gab es einen Befehl. Diejenigen Bürger, die am lautesten die Ausreise forderten, sollten ausreisen dürfen. Als Erkennungsmerkmal sollten sie einen Stempel auf das Foto im Personalausweis erhalten. Später wurde präzisiert: Andere Bürger sollten den Stempel im hinteren Teil des Personalausweises erhalten und wieder einreisen dürfen. Das war in keiner Weise gesetzlich, sollte aber den Druck an der Grenze abbauen. Da das aber in der Praxis nicht funktionierte und der Druck weiter zunahm, befahl der Kommandant des Übergangs Bornholmer Straße als erster die Grenzöffnung ohne zu stempeln.

Übrigens: Ich bin in dieser Nacht mit meiner Frau und ein paar Freunden auch nach West-Berlin gefahren. Wir haben aus irgendeinem Grund auch Stempel auf die Fotos bekommen und waren damit für ein paar Stunden ausgebürgert, ohne es zu wissen. Als wir nachts um 3 Uhr zurückkamen, waren alle Schranken geöffnet und wir konnten ohne Probleme wieder einreisen.

Wie auch immer: Als die Staatsführung der DDR im Verlauf der Nacht informiert war, da waren alle Messen gesungen. Tausende Menschen standen an den Grenzübergängen oder waren schon zum Spaziergang in Westberlin.

Gehen Sie davon aus, dass Günter Schabowski Mitarbeiter des KGB war und auf Anweisung Moskaus die Maueröffnung mit herbeigeführt hat?

Wenn man das aus der historischen Distanz sieht und die Äußerungen westlicher Akteure einbezieht, dann könnte man geneigt sein, dem zuzustimmen. Ich weiß es nicht. Ich will ihn nicht beschuldigen. Aber es gibt diese genannten Indizien und natürlich prominente Beispiele: Wilhelm Zaisser, der Vorgänger Erich Mielkes, war laut Stasi-Unterlagen-Behörde auch KGB-Mitarbeiter. Rudolf Herrnstadt – ein Vorgänger Schabowskis als Chefredakteur des Neuen Deutschland bis 1953 – war ebenfalls KGB-Mitarbeiter. Der West-Berliner Bürgermeister Walter Momper sagte,

Schabowski sei derjenige im Politbüro gewesen, der die besten Kontakte nach Moskau hatte.

Die DDR-Führung war mit KGB-Leuten durchsetzt. Es ging für Moskau um Kontrolle und um Wissensvorlauf bei aktuellen politischen Entwicklungen. Auch Manager aus dem Internationalen Handelszentrum, in dem ich arbeitete, hatten offenbar beim KGB unterschrieben. Ein ehemaliger Kollege sagte mir im Frühling 1990 zum Beispiel, dass er jetzt mit anderen ehemaligen Kollegen in neu gegründeten privaten Firmen arbeite, die die sowjetischen Streitkräfte in der DDR beliefern. Die Militärhandelsorganisation der DDR war zu dieser Zeit schon in Abwicklung. Der ehemalige Kollege hatte sich früher auch auf den Job beworben, den ich später bekommen hatte. Er war von der Stasi aber abgelehnt worden.

Der Untersuchungsausschuss des Bundestages von 1994 berichtete, dass nach Aktenlage Stasi und KGB gemeinsam im IHZ tätig waren bei der Abwehr westlicher Einflussnahme. Als 1986 sich das Verhältnis mit Moskau verschlechterte, erinnerte man sich offenbar bei der Stasi, dass es hier eine Vereinbarung mit dem KGB gab und man suchte nach den KGB-Mitarbeitern. Denn der KGB hatte ja der Stasi nicht mitgeteilt, wer für ihn arbeitet. Um herauszufinden, wer das sein könnte, hat man alle Verdächtigen gescannt. Und als ich zu Weihnachten 1986 nach Leningrad fahren wollte, da haben da die Alarmglocken geschrillt. Und mein IHZ-Vorgesetzter hat mich aufgefordert, ein Formular auszufüllen: „Woher kennst Du die Leute? Wohin fährst Du? Wen triffst du noch?" Die dachten, ich könnte dort umgedreht werden. Immerhin war ich der Verbindungsmann des DDR-Außenhandels zu einem US-Konzern.

Man traut russischen Geheimdiensten ja – vor allem in den westlichen Medien – bis heute die unmöglichsten Dinge zu. Hatte der KGB damals überhaupt diese Möglichkeiten in der DDR?

Als ich das Buch geschrieben habe, versuchte ich herauszufinden, wie viele KGB-IM gab es in der DDR. Es geht also um Deutsche, die für den KGB gearbeitet haben. Nicht für die Stasi. Es gab keine offiziellen Zahlen dazu. Ich schätze die Zahl auf maximal 2500. Denn es gab nachgewiesenermaßen 1000 bis 1100 hauptamtliche KGB-Leute in der DDR. Wenn man berechnet, wie viele Agenten so ein Führungsoffizier von der Kapazität her führen konnte, wenn man also den entsprechenden Koeffizienten der Stasi als Vergleich heranzieht, dann kommt man auf 2000 bis 2500 KGB-Mitarbeiter in der DDR.

Und die waren vor allem in den oberen Führungsebenen des Staates verteilt. Man muss also davon ausgehen, dass Mitglieder des Politbüros, deren persönliche Mitarbeiter und auch DDR-Minister Mitarbeiter des KGB waren. Das ist natürlich in der Wendezeit überhaupt nicht thematisiert worden. Da hätte man dann ja auch fragen können: Wie ist das eigentlich bei den Eliten in der BRD gewesen? Welche Westdeutschen waren Mitarbeiter der britischen, französischen und amerikanischen Geheimdienste? Das wollte natürlich niemand in der Öffentlichkeit breittreten.

Was hat Ihnen Peter-Michael Diestel, der letzte DDR-Innenminister, zum Thema ostdeutsche KGB-Leute gesagt?

Er hat in seinem Buch im September 2019 geschrieben, dass sich 1990 als er Innenminister wurde, zwei Generale seines Ministeriums bei ihm meldeten, die angaben auch Offiziere der Sowjetarmee zu sein. Daraufhin fragte ich ihn an, ob er eine Gesamtzahl von KGB-Mitarbeitern in der DDR habe. Diestel antwortete mir, die Westdienste seien sogar von 50.000 ausgegangen. Er selbst konnte die Stasi dazu nicht befragen, denn diese war aufgelöst und die ehemaligen Stasi-Leute haben nichts dazu gesagt. Die Zahl ist also deutlich größer als meine Berechnung. Aber die 50.000 waren nicht alles KGB-Leute, sondern da zählten auch die vom militärischen Abwehrdienst GRU dazu. Es dürfte sich um sowjetische Soldaten der Westgruppe gehandelt haben, die für den GRU arbeiteten.

Dass die sowjetischen Geheimdienste in der DDR durchaus handlungsfähig waren, wird auch durch eine Aussage des sowjetischen Botschafters in der DDR angedeutet. Egon Krenz schrieb in seinem Buch 2019, dass ihm Kotschemassow am 10. November, also am Morgen nach dem Mauerfall, sagte: „Bedenken Sie aber bitte auch, dass ich zwar der sowjetische Botschafter bin, es gibt aber noch andere sowjetische Institutionen in der DDR, über die ich nicht Bescheid weiß."

Er meinte damit sicher nicht die russisch-orthodoxe Kirche.

Stasi und KGB haben in der DDR also nicht zusammengearbeitet, sondern sich misstraut und teilweise gegeneinander agiert. Warum war das so?

Die Zusammenarbeit betraf nur das Außen. Aber im Innern der DDR waren die Dienste völlig getrennt. Zum Beispiel wurden die inoffiziellen Mitarbeiter des KGB in der DDR etwa bei Quellenangaben genauso anonymisiert wie in jedem anderen Land, also wie auch etwa in den USA. Die Stasi sollte nicht erfahren, welcher Ostdeutsche für den KGB arbeitet. Das Verhältnis zwischen KGB und Stasi war wie das Verhältnis von Herr und Knecht. Der Herr hat dem Knecht nicht gesagt, wer in der DDR für ihn arbeitet. Die Besatzungsmacht Sowjetunion hat die DDR kontrolliert. Genau so wie die USA die BRD kontrolliert haben.

Im Hauptquartier des Ministeriums für Staatssicherheit (MfS) in der Berliner Normannenstraße gab es seit 1949 eine Repräsentanz des KGB mit etwa 20 Mitarbeitern. Diese Repräsentanzen gab es bei allen Bezirksverwaltungen der DDR. Einer dieser KGB-Mitarbeiter war zum Beispiel Wladimir Putin in Dresden. All diese KGB-Leute hatten Stasi-Ausweise. Damit konnten sie zu jeder Tages- und Nachtzeit die Stasi-Gebäude betreten. Der Herr hat dem Knecht erst recht nicht gesagt, welche Chefs in der DDR für ihn arbeiten. Diestel hat von zwei Generalen geschrieben – also zwei Menschen in ganz hohen Positionen im Innenministerium der DDR – vielleicht sogar stellvertretende Minister?

Umgekehrt hat die Stasi dem KGB natürlich auch vieles nicht gesagt. Die illegalen Geschäfte und Schweinereien zum Beispiel bei den Waffengeschäften der DDR 1986 mit dem Apartheidstaat Südafrika wurden ja auch vor dem KGB geheimgehalten. Die Firma IMES von Schalck-Golodkowski hatte diese sowjetischen Waffen damals wegen des Waffenembargos heimlich um die halbe Welt geschippert. Das mussten die Russen nicht wissen. Genauso wenig wie sie wissen mussten, dass Schalck das, was er gegen Transferrubel in Moskau gekauft hat, im Westen gegen harte Währung weiterverkauft hat.

In Ihrem Buch haben Sie den Ablauf der Wende-Ereignisse wie folgt strukturiert: Die Öffnung der Grenze in Ungarn sei der Prolog gewesen, der Mauerfall der erste Akt, die Wiedervereinigung der zweite Akt und die

Auflösung des Warschauer Pakts der Epilog. Und das alles soll zwischen Moskau und Washington abgesprochen gewesen sein. Wie soll das konkret gelaufen sein?

Man sollte sich mal anschauen, was für eine Biografie der bereits erwähnte Wladimir Semjonow hat. Er war von 1978 bis 1986 sowjetischer Botschafter in der BRD in Bonn. Dann blieb er aber in der BRD. Wenn man der deutschen Wikipedia glaubt, war er ab 1986 einfach nur noch Rentner in Köln. Das war aber sehr ungewöhnlich für sowjetische Diplomaten. Normalerweise verbrachten sie ihren Lebensabend nicht im Ausland. In der englischen Wikipedia steht denn auch, dass Semjonow bis 1991 als sowjetischer Sonderbotschafter („Ambassador at Large") und Berater des Außenministers gearbeitet hat. Seine Autobiografie betitelte er mit den Worten „Von Stalin bis Gorbatschow – ein halbes Jahrhundert in diplomatischer Mission 1939-1991".

Er war also nach 1986 noch im Dienst. Ein Sonderbotschafter wird immer für eine bestimmte Angelegenheit ernannt – für Vertragsverhandlungen oder ähnliches. Dieses eine Thema, für das Semjonow der Ansprechpartner war, ist meiner Meinung nach das Thema Deutsche Einheit gewesen. Der legendäre Chef der HVA, Markus Wolf, ein Ziehsohn Semjonows, muss das im März 1986 geahnt haben, was da auf ihn hinzukommen kann, als erfuhr, dass Semjonow in Köln wohnen wird. Er reichte sofort bei Mielke seinen Antrag auf Pensionierung ein.

Die These wird auch deshalb gestützt, weil die Vereinigten Staaten 1989 Vernon Walters zum US-Botschafter in Bonn machten. Zum ersten mal wurde damit ein pensionierter Militär zum Botschafter in der BRD. Der Mann war Nachrichtenoffizier und Vizechef der CIA unter George Bush. Das war ein absoluter Geheimdienstmann, der hat von sich gesagt hat: „Ich werde nur gerufen, wenn dem Patienten die letzte Ölung zu Teil werden soll." Zusammen mit Semjonow hat er dann auch der DDR die letzte Ölung verpasst. Walters sagte der International Herald Tribune bereits Anfang September 1989, dass Deutschland schon sehr bald wiedervereinigt wird.

Er wusste mehr.

Sie sind also überzeugt, dass Semjonow und Walters – zwei erfahrene Geheimdienstleute der Weltmächte – die DDR-Grenzöffnung und die deutsche Wiedervereinigung diskret im Vorfeld ausgehandelt haben?

Ja. Condoleezza Rice hat ein Buch über Maueröffnung und Einheit geschrieben, darin zeigt sie sich verwundert, dass solch ein großer Vertrag (Zwei-plus-Vier-Vertrag) zwischen zwei Weltmächten beziehungsweise insgesamt sechs Ländern in so kurzer Zeit verhandelt wurde. Der Schluss liegt nahe, dass diese Verhandlungen zumindest zwischen USA und UdSSR eben nicht erst 1990 begonnen haben, sondern Jahre zuvor. Wer schon mal Vertragsverhandlungen mitgemacht hat, zum Beispiel beim Kauf einer Firma, der weiß, dass man da jahrelang verhandeln kann, bis die Folgen abgeschätzt und alle Genehmigungen eingeholt sind etc. Durch diese Vorbereitungszeit konnte man den Zwei-plus-Vier-Vertrag jedoch bereits im September 1990 unterzeichnen, 10 Monate nach Mauerfall.

Warum sollte die Sowjetunion so etwas mit den USA eigentlich absprechen?

Einerseits hätten die Amerikaner das sowieso über ihre Aufklärung mitbekommen. Andererseits war es ja auch viel besser die USA einzubinden. Sie sollten die Aktion nicht stören und sie bekamen die DDR für ihr Imperium geschenkt und später den ganzen Ostblock.

Sie haben viele Indizien gesammelt und einige durchaus plausible Vermutungen aufgestellt. Trotzdem bleibt Ihre Vermutung, der Mauerfall sei eine aus Moskau gesteuerte Aktion gewesen, lediglich eine Hypothese.

Ja, ich kann das nicht beweisen. Aber die friedlichen Revolutionäre können auch nicht beweisen, wie sie das gemacht haben, dass die Mauer aufging, ohne dass ein Schuss fiel. Condoleezza Rice schreibt in ihrem Buch es sei „eine Gnade Gottes" gewesen, dass die DDR-Grenztruppen nicht geschossen haben. Das ist mir zu pathetisch. Es war doch bekannt, dass die Grenzer wegen des Befehls vom April 89 gar nicht schießen durften.

In einem Interview mit der Welt vom 03.11.2019 zum Mauerfall-Jubiläum sagte Gorbatschow im vergangenen Jahr: „Schon vorher, am Vorabend dieser Ereignisse, hatte ich die sowjetischen Truppen vor einem Eingreifen gewarnt: ‚Keinen Schritt. Sie bleiben, wo Sie sind.'" Ich finde das sehr interessant. Wie konnte Gorbatschow seine Truppen im Vorfeld vor einem Ereignis warnen, das doch ganz spontan und zufällig zustande gekommen sein soll?

Im Interview erklärt er das damit, dass der Mauerfall generell zu erwarten gewesen sei. Das hat mich auch verwundert, denn für viele Beobachter kam das Ereignis doch völlig überraschend.

Da das Team um Gorbatschow diesen Plan auf Rücksicht der Gegner in der Sowjetunion und im Warschauer Pakt nicht offen kommunizieren konnte, gab es eine doppelte Kommunikation. Für die Öffentlichkeit die Erzählung von Perestrojka und Glasnost (Offenheit) und für die Eingeweihten die Planung von Mauerfall und Einheit. Der Schnittpunkt in der Kommunikation war dann der Abend des 9. November 1989.

Die Einschätzung der Person Michail Gorbatschow ist an sich auch sehr interessant. In Deutschland hat „Gorbi" bei sehr vielen Menschen wegen der friedlichen Wiedervereinigung ein positives Image. In Russland hingegen hat er allgemein mit einem negativen Image zu kämpfen. Dort ist gerade ein neuer viel beachteter Dokumentarfilm (Keyword bei youtube: Andrey Kondraschow Film **Stena,** Überschrift in kyrillisch) zur Deutschen Einheit gesendet worden, in dem Gorbatschow als Verräter der Sowjetunion und als Verräter der DDR angegriffen wird.

In der Literaturnaja Gaseta – einer Zeitung für das russische Bildungsbürgertum – gab es eine Rezension zum Film „Stena" („Mauer") vom 4. Oktober, in dem eben eine völlig andere Sicht als hier im Westen angeboten wird. Das war das erste Mal, dass man offen sagt: „Das war Verrat an der Sowjetunion und der DDR!" Die Moderation wurde persönlich vom 1. Stellvertretenden Vorsitzenden der Staatlichen Allrussischen Fernseh- und Rundfunkgesellschaft (WGTRK), Andrej Kondraschow, übernommen. Das ist als politisches Signal zu werten, zeigt es doch die neue Sicht des Kremls auf Mauerfall und Einheit. Da dürfte im 30. Jahr des Zerfalls der Sowjetunion 2021 noch einiges an Neuigkeiten zu erwarten sein.

Wenn man in die russischen Online-Foren und Blogs hineinschaut, dann herrscht dort überall der Tenor, dass es tatsächlich Verrat war. In westlichen Medien ist von dem Film noch nichts zu lesen gewesen und es gibt auch noch keine Variante mit deutschen oder englischen Untertiteln. Wenn sich diese Interpretation von Mauerfall und Deutscher Einheit in Russland durchsetzt, dann werden wir wieder eine zweigeteilte Geschichtsschreibung haben, wie zu alten Ost-West Zeiten: eine westliche und eine russische Variante.

Diese politische Bewertung Gorbatschows widerspricht Ihrer These nicht.

Es beißt sich nicht mit meiner These, aber ich habe ihn in meinem Buch nicht als „Verräter" bezeichnet. Ich bewerte das nicht. Ich habe nur aufgezeigt, wie es aus meiner Sicht abgelaufen sein könnte aufgrund der vorliegenden Informationen und auch meiner persönlichen Erlebnisse. Ich hatte zum Beispiel in meiner Zeit in den 90ern in Russland jemanden kennengelernt, der mir erzählte, sein Vater sei 1960 bei einem Test-Mauerbau auf einem Moskauer Militärgelände („Polygon") beteiligt gewesen. Da wurde getestet, wie der Mauerbau schnell funktionieren musste und welcher Material- und Personaleinsatz notwendig war bei der Sofortabriegelung. Er hatte mir die Speisekarte geschenkt für das Festessen mit dem Genossen Chruschtschow in Ostberlin nach dem Rückflug aus Paris im Mai 1960 vom geplatzten Abrüstungsgipfel, wo sein Vater teilnahm. Chruschtschow soll sehr wütend gewesen sein, weil sich die Amerikaner nicht für den Spionageflug vom 1. Mai 1960 entschuldigt hatten. Auf diesem Zwischenstopp wurde der Mauerbau auf Chruschtschows Weisung beschlossen.

Was ich im Buch anspreche zeigt, dass Ereignisse, die offiziell als zufällig oder spontan bezeichnet werden, oft politisch geplant sind.

Mauerbau und Mauerfall haben ihre eigene Tragik auch für die damals Herrschenden. Die DDR-Führung, Ziehkind der Sowjetunion musste zuerst auf Moskauer Weisung die Mauer bauen (worüber einige sehr erfreut waren) und wurden dann durch die Genossen in Moskau am 9.11.89 um eben diese Mauer gebracht, die für sie ein Schutzwall geworden war. Und während Gorbatschow heute im Schloss Hubertus in Rottach-Egern am Tegernsee residiert (Rundflug am Ende des Films

Stena), wohnt Krenz in seinem Haus mit 36 qm Grundfläche an der Ostsee. Er hatte wegen der Toten an der Mauer 6,5 Jahre Gefängnis erhalten, wovon er fast 4 Jahre absaß.

Viele Altgenossen haben das bis heute nicht verkraftet, dass die Sowjetunion sie nach 1990 nicht schützte. Die Interviews von Krenz, Modrow, Wolf und Mahlow im Film **Stena** sind dafür Beleg.

Im Buch schreibe ich dazu: „Nach der Weisheit der Bibel (Hiob 1;21) „Der HERR hat's gegeben, der HERR hat's genommen" konnte auch in dieser irdischen Angelegenheit 1989 nur die Herrin des Mauerbaus – die UdSSR – den Mauerfall friedlich herbeiführen."

Michael Wolski, Jahrgang 1952, studierte in der DDR Außenhandel an der Hochschule für Ökonomie in Berlin, arbeitete ab 1974 in verschiedenen Funktionen im DDR-Außenhandel (Lizenzhandel und Technologietransfer). Von 1986 bis 1990 war er als „kommerzieller Mitarbeiter" im Internationalen Handelszentrum (IHZ) der DDR in Ost-Berlin tätig. Das IHZ gehörte zum Bereich „Kommerzielle Koordinierung" (KoKo) unter Alexander Schalck-Golodkowski. Ab 1991 baute Wolski die Repräsentanz des US-Konzerns, für den er schon in Ostberlin arbeitete, in Moskau auf und war später an der Gründung des russischen Tochterunternehmens beteiligt. In der russischen Hauptstadt war er bis 1997 tätig. Wolski spricht Russisch und Englisch. Er lebt in Berlin.

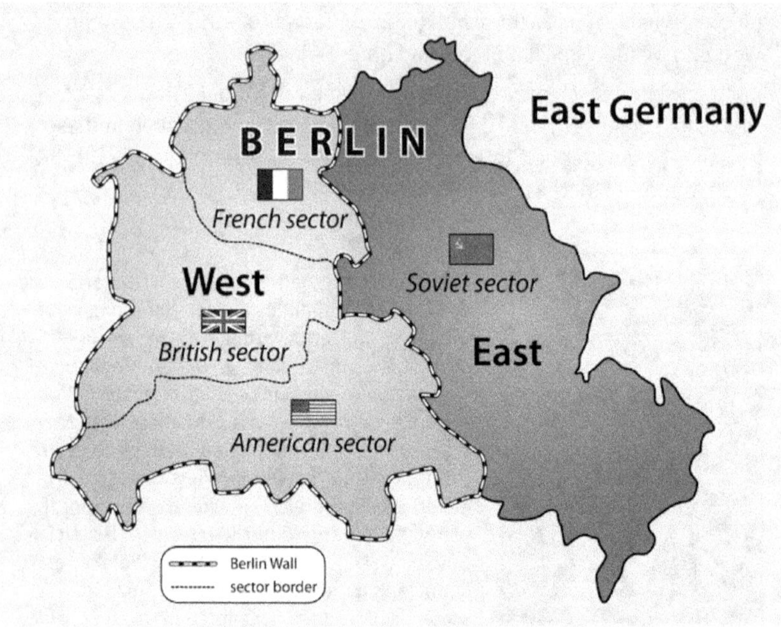
East Germany
BERLIN
French sector
West
Soviet sector
British sector
East
American sector
Berlin Wall
sector border

Germany 1945-90